AF495433

PIERRE DE KONINCK

ET

JEAN BREYDEL

DEUX HÉROS FLAMANDS

PAR

Mgr A.-J. NAMÈCHE

RECTEUR ÉMÉRITE DE L'UNIVERSITÉ CATHOLIQUE
DE LOUVAIN

> Sans histoire de la patrie, point
> d'amour de la patrie.
> *Inscription du Musée à Munich.*

LOUVAIN
CHARLES FONTEYN, IMPRIMEUR-ÉDITEUR
RUE DE BRUXELLES, 6
1887

PIERRE DE KONINCK

ET

JEAN BREYDEL

8° M
5888

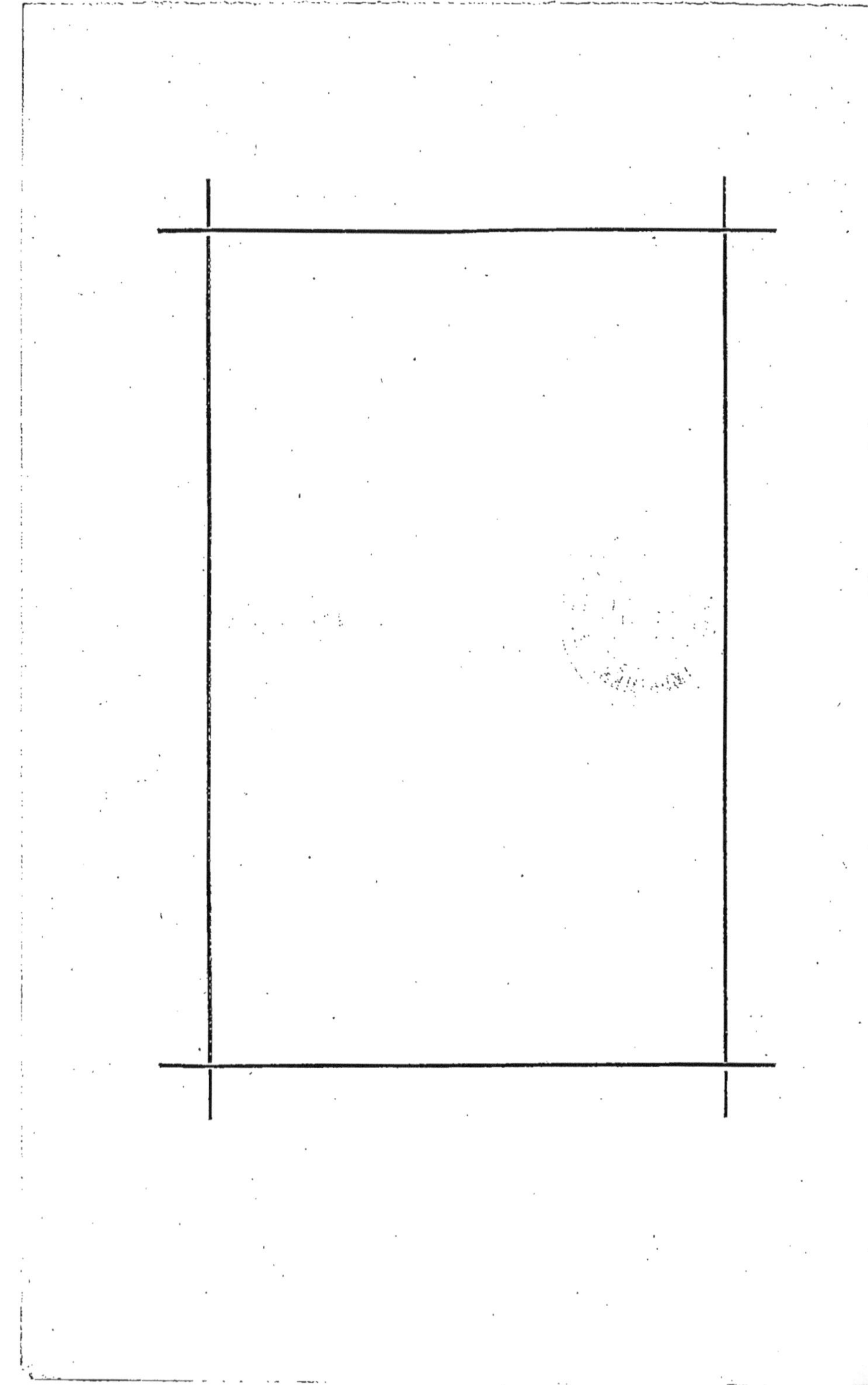

BIBLIOTHÈQUE D'HISTOIRE NATIONALE

PIERRE DE KONINCK

ET

JEAN BREYDEL

DEUX HÉROS FLAMANDS

ACQUISITION
114515

PAR

Mgr A.-J. NAMÈCHE

RECTEUR ÉMÉRITE DE L'UNIVERSITÉ CATHOLIQUE
DE LOUVAIN

Sans histoire de la patrie, point
d'amour de la patrie.
Inscription du Musée à Munich.

LOUVAIN

CHARLES FONTEYN, IMPRIMEUR-ÉDITEUR

RUE DE BRUXELLES, 6

1887

TOUS DROITS RÉSERVÉS.

BIBLIOTHÈQUE NATIONALE
R.F.
IMPRIMÉS

AVANT-PROPOS.

AVANT-PROPOS.

Ceux qui sont chargés de la mission d'enseigner la jeunesse ont un grand devoir à remplir, celui de contribuer à la formation de l'esprit national. Considérée à ce point de vue, l'étude de nos annales, dont presque toutes les pages sont remplies d'héroïques exemples de vertu et de dévouement à la patrie, acquiert une importance capitale.

Depuis trente ans, un savant éminent, doublé d'un écrivain hors ligne, Monseigneur Namèche, Recteur émérite de l'Université de Louvain, consacre ses veilles laborieuses à écrire le Cours complet de notre Histoire Nationale. Ce remarquable ouvrage en est arrivé au règne de Marie-Thérèse ; l'auteur compte le poursuivre jusqu'à la Révolution de 1830. Il formera environ vingt-sept à vingt-huit volumes in-8° dont dix-neuf ont déjà paru. Ce travail de bénédictin, dont nous sommes l'éditeur, est une mine inépuisable d'épisodes dramatiques et d'attachantes monographies. L'idée nous est venue d'en extraire une galerie historique, destinée à mettre sous les yeux de la jeunesse les plus illustres de nos ancêtres et les tableaux les plus intéressants de notre passé.

Dans la période critique où peut-être

nous allons entrer, rien n'est plus digne d'intérêt que les grandes figures des communiers du moyen âge et la lutte gigantesque de quelques cités flamandes contre toutes les forces de la monarchie française. C'est pourquoi nous inaugurons cette publication spéciale par la biographie des deux héros dont Bruges s'apprête à célébrer le centenaire : *Pierre de Koninck* et *Jean Breydel*.

Ces grands citoyens montreront à la jeunesse belge ce que peut l'amour de Dieu uni à l'amour de la Patrie. Leur devise était : *Voor God en Vaderland*, comme la nôtre est : *L'Union fait la force!*

Suivant la voie que nous a si admirablement tracée Monseigneur Namèche, nous chercherons « à graver profondément dans le cœur de notre chère jeunesse belge le respect et l'amour de notre passé, car nous croyons que ce sont là les plus sûrs garants de l'avenir. Le progrès, pour nous, n'est pas l'oubli, l'abandon, le mépris de ce qui fut; c'est la marche en avant dans la voie glorieusement tracée, au prix de leurs sueurs et de leur sang, par ceux qui nous ont précédés. Soyons dignes de nos pères en tâchant de leur préparer de dignes descendants (1)! »

Notre publication, dont la vie des deux héros brugeois forme, en quelque sorte, le prospectus-spécimen, comprendra plusieurs ouvrages dont voici quelques titres :

Les premiers civilisateurs de la Belgique.

Charles Martel.

Les ducs de Brabant Jean I et Jean IV.

Godefroid de Bouillon.

Baudouin IX.

Les Van Artevelde et leur époque.

(1) Mgr Namèche, Introduction au règne de Philippe II.

Charles-le-Téméraire.
Philippe-le-Bon.
Charles-Quint.
Guillaume d'Orange, le Taciturne.
Don Juan d'Autriche.
Alexandre Farnèse.
Histoire du Commerce et de l'Industrie en Flandre aux XIIIe, XIVe et XVe siècles.
L'art en Flandre aux XVIe et XVIIe siècles.
Etc., etc., etc.

« Nous espérons que notre labeur ne cessera pas de porter des fruits. Les travaux les plus modestes, quand ils sont consciencieux et persévérants, ont leur prix : chaque gerbe ajoute à la richesse de la moisson totale (1). »

L'ÉDITEUR.

(1) Mgr Namèche, Introduction au règne de Philippe II.

CHAPITRE Ier.

CHAPITRE Ier.

SITUATION DE LA FLANDRE AU XIIIme SIÈCLE.

Au moment où Guy de Dampierre fut appelé à recueillir l'héritage de sa mère Marguerite, la Flandre jouissait d'une prospérité sans exemple, qu'elle devait à une double source de richesses. La première, c'était sa position géographique vis-à-vis de l'Angleterre, sur les frontières de la France et de l'Empire, avec ses ports et ses baies qui regardent le Nord ; la seconde consistait dans son industrie, et surtout dans sa grande fabrication de draps et d'étoffes de laine. Non contente d'offrir aux navires étrangers une généreuse hospitalité, ses marchands se livraient eux-mêmes à de périlleux voyages, d'abord vers la Tamise, le Rhin et l'Elbe, ensuite vers les mers d'Italie et jusqu'aux rivages du Bosphore, où l'industrie flamande régnait encore par ses flottes longtemps après que le trône fondé par l'épée de Baudouin IX eut cessé d'exister.

A mesure que ces relations se développaient, les *Ghildes* des métiers, longtemps divisées et étrangères les unes aux autres, sentaient de plus en plus le besoin de se rapprocher et de s'aider mutuellement. Enfin elles se réunirent pour fonder la grande *Hanse* flamande, désignée sous le nom de *Hanse de Londres*, parce que le grand comptoir des marchands flamands se trouvait fixé au bord de la Tamise. Ni les brebis qui paissaient dans les vastes enclos des abbayes de Flandre, ni celles que l'ordre de Cîteaux nourrissait en Champagne et en Bourgogne, ne pouvaient suffire aux besoins de la fabrication flamande. Le pays qui l'alimentait, c'était l'Angleterre : cette contrée aux innombrables troupeaux, où, jusqu'au XIVe siècle, les taxes extraordinaires exigées par les rois se prélevaient, non en argent, mais en sacs de laine. Dès l'année 1227, les marchands de Flandre avaient un établissement à Londres. Leurs privilèges avaient été confirmés à diverses reprises ; et récemment encore, en 1275 et en 1278, ils avaient été ratifiés par Edouard Ier.

Les marchands flamands étaient également respectés sur les marchés d'Allemagne et de France. Dès la fin du XIIe siècle, ils avaient obtenu des franchises importantes dans les cités des bords du Rhin ; les mêmes privilèges les protégeaient à Troyes, à Provins, à Bar-sur-Aube, où ils apportaient leurs diverses étoffes de laine. Les ateliers de la Flandre envoyaient aussi leurs produits au célèbre marché de Saint-Denis.

A l'intérieur, la foire de Bruges qui se tenait au mois de mai était fameuse. Là venaient s'échanger les productions du Nord et celles du Midi; les richesses recueillies dans les plaines de Novogorod, et celles que transportaient les caravanes de Samarcande et de Bagdad; la poix de la Norwège et les huiles de l'Andalousie; les fourrures de la Russie et les dattes de l'Atlas; les métaux de la Hongrie et de la Bohème, les figues de Grenade, le miel du Portugal, la cire du Maroc, les épices de l'Egypte : « par quoi, dit un vieil auteur, nulle terre n'est comparée de marchandise encontre la terre de Flandre. » On y voyait se presser les marchands de Hambourg, de Brême, de Cologne, de Lubeck et ceux de Venise, de Gênes, de Sienne, de Pise, de Crémone, d'Asti.

Les cités flamandes avaient pris, à cette époque, un développement merveilleux. Gand florissait sous le gouvernement des trente-neuf. Jamais la situation de ses bourgeois ne fut plus heureuse, ni plus prospère. La ville s'orna d'un grand nombre de monuments importants, et ses limites furent reculées. Cinquante ans plus tard, il fallut les étendre de nouveau. Bruges prospérait également. Au centre de la fabrication des draps, à Ypres, la population était si considérable qu'en 1247 les échevins s'adressèrent au pape Innocent IV pour le prier d'augmenter le nombre des paroisses de leur ville, qui contenait, d'après leur déclaration, environ deux cent mille habitants. Les ouvriers réunis de Poperinghe, de Messines, de Warneton et de Wervicq égalaient en nombre ceux que renfermait la grande cité d'Ypres. Oudenbourg, Ardenbourg, Ysendicke, Oostbourg, Ter-Mulde, à peine connus aujourd'hui, faisaient partie de la Hanse de Londres, et nommaient des arbitres commerciaux aux foires de Troyes et de Provins.

La pêche formait une branche importante de l'industrie et de la navigation flamande. Nieuport, Gravelines et Calais servaient de centres de réunion aux pêcheurs qui allaient jeter leurs filets près des îles de Féroë et jusqu'aux côtes du Groenland. Les harengs qu'ils salaient avec art, étaient recherchés comme l'un des mets les plus délicats de ce temps. Cette pêche avait pris de tels développements dans le port de Gravelines, qu'en 1279 les habitants de Saint-Omer se plaignaient au roi de France Philippe-le-Hardi d'une ordonnance, qui défendait aux marchands d'acheter en un seul jour dans ce port plus de vingt-cinq mille harengs. Le port de Damme était le dépôt des denrées précieuses qu'y envoyaient les marchands lombards et ceux de la *Hanse teutonique*. C'était à Damme que l'on déchargeait les vins de Bayonne, de Bordeaux, de la Rochelle, et ceux de Bourgogne. Ces vins étaient transportés ensuite par les eaux de la Seine jusqu'à Rouen. Grâce à leurs relations fréquentes avec la Saintonge, les marchands de Flandre rapportèrent dans leurs foyers les lois d'Oléron, que Richard Cœur-de-Lion avait fait rédiger, à son retour de la Croisade, pour régler les usages de la navigation sur cette mer, dont il possédait les deux rivages. Les lois d'Oléron furent traduites en flamand, et devinrent ce qu'on appelle *le droit maritime de Damme.*

Un écrivain anglais contemporain décrit ainsi la Flandre du XIIIe siècle : « Ce pays, quoique resserré par d'étroites frontières, abonde en toute espèce de biens. C'est une contrée riche par ses prairies, que couvrent de nombreux troupeaux, et célèbre par le nombre et l'opulence de ses villes et de ses ports. Deux fleuves fameux, l'Escaut et la Lys, l'arrosent de toutes parts. Ses habitants qui réunissent la force du corps à la beauté, se distinguent par leur multitude et l'abondance des biens dont ils jouissent. Affectueux par le cœur, affables dans leurs discours, honnêtes, réservés dans leur extérieur, ils se montrent aussi amis de la paix envers leurs concitoyens que sincères et loyaux à l'égard des étrangers. On vante leur industrie et leur habileté dans la fabrication des draps qui sont employés dans la plus grande partie de l'univers. »

Les progrès du commerce et de l'industrie sont liés à ceux de l'esprit humain et de la civilisation ; plus les relations des peuples sont multipliées, plus leurs lumières s'accroissent. Tandis que Godefroid de Tournai dirigeait à Gand les écoles de Sainte-Pharaïlde, un Flamand, Eudes de Douai, figurait parmi les premiers professeurs du collège célèbre fondé à Paris par Robert Sorbon. Vers 1260, le doyen de la Sorbonne était Sohier de Courtrai, qui ne jugea point la gloire des lettres inférieure à celle des armes conquises par ses aïeux. — A la même époque, la Flandre formait une des dix-huit nations transalpines représentées à l'université de Bologne. — L'enseignement philosophique et théologique réunissait alors à Paris les plus glorieux représentants de la science du moyen-âge, Albert le Grand, Saint-Thomas d'Aquin, Saint-Bonaventure et Duns Scot. A côté d'eux et leur égal à eux, un docteur flamand, Henri de Gand, le docteur solennel, occupait une des chaires de cette illustre école. Philippe Mouskes, évêque de Tournai, né à Gand comme lui, écrivait en vers une histoire dont la fin mérite de figurer à la suite de Villehardouin, le premier historien digne de ce nom que compte la littérature française.

A cette époque, la poésie était partout. Tandis que la Flandre tudesque s'égayait aux facétieux récits de Reynaert de Vos, la langue romane se façonnait en longs poèmes de chevalerie, en fabliaux remplis de verve et d'une malice souvent licencieuse, en complaintes et légendes empreintes d'une foi vive jusqu'à l'enthousiasme. Toutes les villes de Flandre avaient alors leurs poètes. Damme vit naître en

1235, van Maerlant, qu'on peut nommer le père de la poésie flamande.

L'Architecture ogivale élevait à la même époque ses plus beaux monuments ; et, maîtresse absolue de la matière, semblait lui ordonner de faire monter au ciel, comme une prière, la pensée de l'artiste chrétien. Qui pourrait contempler sans émotion l'effet magique de nos belles églises du XIIIe siècle ? Les heureuses proportions observées dans la forme des arcades et des fenêtres, la vaste étendue des nefs, ces murs aériens sur lesquels on a semé les découpures et les élégantes broderies, toutes ces merveilles de sculpture et de hardiesse rehaussées par la clarté mystérieuse d'un jour que les vitraux peints ont adouci, tout cela imprime à l'âme un sentiment religieux. C'est à 1280 qu'il faut rapporter notamment la construction de la magnifique église primaire d'Ypres et de celle de Sainte-Walburge à Furnes.

CHAPITRE II.

CHAPITRE II.

(1280-1300).

RÈGNE DE GUY DE DAMPIERRE. — LES LELIAERTS ET LES KLAUWAERTS.

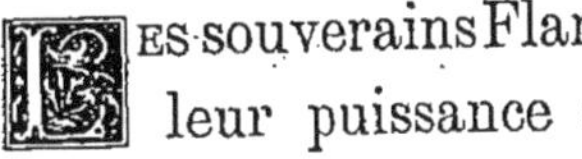ES souverains Flamands avaient perdu leur puissance à Bouvines (1214). Depuis ce jour fatal, la France qui les tenait enchaînés, faisait peser sur eux les conditions humiliantes du traité de Melun et les réduisait à un vasselage obscur. Guy de Dampierre fut forcé de plier devant les

échevins de Gand soutenus par Philippe-le-Bel. Le seul moyen qui lui restât de ressaisir la souveraineté était d'engager une nouvelle lutte avec les Français, et deux fois la Flandre tout entière voulut l'y entraîner (1280 et 1285) : la noblesse et les villes se montrant également indignées de l'asservissement du pays. Mais le comte, déjà avancé en âge, manqua d'énergie et de résolution. Des circonstances personnelles lui dictaient pour ainsi dire une politique timide et pacifique. Il s'était marié deux fois, et chacune de ses épouses lui avait donné huit enfants, de sorte que ses domaines et ses revenus suffisaient à peine aux besoins d'une maison princière aussi considérable. La splendeur habituelle de la cour de Flandre et ses goûts somptueux augmentaient la difficulté de sa position. Pauvre au milieu des richesses, il ne laissait échapper aucune occasion de rançonner ses communes tout en protégeant leurs intérêts commerciaux ; et, quoiqu'il déployât de l'habileté et des intentions généreuses dans ses efforts pour garantir le bien-être du pays, on lui savait peu de gré même de ses sacrifices, tant ses exactions lui avaient fait perdre l'estime et le respect du peuple.

Un sourd mécontentement se faisait entendre dans les grandes villes du pays. La bourgeoisie enrichie par l'industrie et le commerce commençait à supporter avec peine les privilèges des classes patriciennes. Au lieu de chercher à calmer les passions jalouses, Guy sembla prendre à tâche de les fomenter, tout en provoquant dans les affaires intérieures du pays cette intervention intéressée de la France qui devait devenir si fatale au prince lui-même. Bientôt il se forma deux fractions dans le comté : l'une composée surtout des nobles et des partisans de la France, appelés *Leliaerts*, ou gens du lis, et l'autre de ceux qui restaient attachés à leur patrie et qu'on nommait *Klauwaerts*, ou enfants des griffes, par allusion au lion de Flandre.

Guy ouvrant enfin les yeux sur ses véritables intérêts se détacha de la France et promit une de ses filles, Philippine, en mariage au prince de Galles, fils du roi d'Angleterre Edouard Ier, qui, en ce moment se préparait à la guerre contre la France. Dissimulant son courroux, Philippe-le-Bel pria le comte de lui amener sa fille : il était le parrain de la jeune princesse, et ne voulait pas, disait-il, laisser partir sa filleule sans lui faire ses adieux. Guy de Dampierre, sans défiance, se rendit avec elle à Corbeil-sur-Seine, où était le roi. A peine furent-ils arrivés que Philippe les constitua prisonniers tous les deux. Cependant l'intervention des pairs du royaume et celle du pape Boniface VIII firent rendre la liberté au comte, mais sa fille fut retenue en otage. Exaspéré de ce guet-apens, Guy s'allia aux ennemis de la France.

Philippe-le-Bel s'appuyant sur les anciens traités fit lancer un interdit sur le comté de Flandre. Au commencement de l'été 1297, il s'avança vers le pays, à la tête d'une armée forte de dix mille cavaliers et d'environ soixante mille hommes de pied. On y voyait la plupart des grands vassaux de la couronne. La reine Jeanne, le comte de Valois frère du roi, Robert d'Artois son cousin, vinrent bientôt le rejoindre. Philippe-le-Bel fit son entrée en Flandre par l'Artois et le 1er juin il dressa ses pavillons devant Lille. L'armée royale prit position autour de cette ville et tout le long de la Lys vers Lille. Il détacha des forces destinées à s'emparer des endroits moins importants situés dans les environs. La première ville flamande qui fit sa soumission fut Béthune : elle ouvrit ses portes à Philippe, fils de Robert, comte d'Artois. Ce dernier se mit à la tête d'une troupe de deux mille hommes environ et se dirigea sur Bergues, mais ayant appris que l'armée flamande se repliait sur Furnes, il attendit des renforts et les ayant reçus marcha à l'ennemi.

C'est la première fois que l'on voit agir les *Leliaerts*. Ce parti comptait parmi ses adeptes le vicomte de Furnes, le bailli et les magistrats du territoire de Furnes appelé *Furnambacht*, et grand nombre de nobles entre autres le châtelain de Bergues. Le comte d'Artois s'entendant secrètement avec eux poursuivit sa marche vers Furnes, brûla en passant l'église de Haninghe et massacra les braves habitants du lieu qui la défendaient. Le mardi 17 août, il arriva à Bulscamp, à une demi-lieue de Furnes, sur le canal de cette ville à Bergues, où le châtelain de cette dernière avait un domaine. Cet homme dévoué à la cause française avait fait préparer un repas dans son château au comte d'Artois.

On était à table, quand Guillaume de Juliers, jeune et brave guerrier, accourut avec ses Allemands pour défendre le pont jeté sur une petite rivière, la Creeke, qui coule au sud du village. Philippe d'Artois, averti de l'approche de l'ennemi et emporté par son courage, franchit le pont à la course, et alla tomber au milieu des ennemis ; il fut grièvement blessé et fait prisonnier. Les Français s'étaient alors précipités en masse de l'autre côté du pont, l'action devint générale. Guillaume de Juliers et les siens soutenaient le choc avec une vigueur qui rendait encore la victoire indécise, lorsque Baudouin Reyphins, bailli et commandant des gens de Furnes, laissa choir à terre la bannière de Juliers, et passa avec ses troupes sous la bannière du châtelain de Bergues qui était monté à cheval pour suivre le comte d'Artois. Cette trahison des *Leliaerts* jeta le trouble parmi les Allemands : Guillaume de Juliers combattit en désespéré et fut pris par les Français. Seize mille cadavres jonchaient le champ de bataille. Pour couronner une victoire remportée d'une façon si loyale, le comte d'Artois livra au pillage et aux flammes la ville de Furnes. Nieuport et Dixmude se soumirent effrayées. Philippe d'Artois et Guillaume de Juliers moururent peu après de leurs blessures.

Quand la nouvelle de la victoire des Français parvint à Lille, la désolation se répandit parmi les assiégés. Le 29 août, Robert de Béthune manquant de vivres capitula. Il obtint de pouvoir se retirer, lui et les siens, avec armes et bagages. — Après la prise de Lille, Philippe-le-Bel pénétra en Flandre et conquit presque tout le pays. Trahi par la fortune, le malheureux comte ne trouva d'autre ressource que de se rendre à Paris avec ses fils, Robert et Guillaume, et plus de cinquante seigneurs flamands, pour implorer la clémence du roi. Philippe-le-Bel n'était pas homme à se laisser émouvoir par une démarche si humble et si confiante. Ce prince impitoyable fit jeter Guy et ses compagnons d'infortune en prison et déclara la Flandre confisquée et réunie au domaine de la couronne (1300).

CHAPITRE III.

CHAPITRE III.

CAPTIVITÉ DE GUY DE DAMPIERRE. — LA FLANDRE RÉUNIE A LA COURONNE DE FRANCE. — VOYAGE DU ROI DE FRANCE EN FLANDRE.

La captivité de Guy de Dampierre avait hâté la chute de son autorité dans toute la Flandre. Audenarde, Termonde, Ypres vaillamment défendue par le sire de Maldeghem, avaient subi le joug étranger, et l'un des fils du comte, Guy de Namur, qui, pendant quelques jours, avait prolongé la résistance au sein des héroïques populations flamandes, s'était retiré aux bords de la Meuse, avec ses frères Jean et Henri. Le connétable Raoul de Nesle, *tenant le lien du roi de France dans sa terre de Flandre, nouvellement acquise*, exerçait en son nom l'autorité souveraine dans cette ville de Bruges, dont ses ancêtres avaient autrefois reçu la châtellenie des princes de la maison de Flandre, aujourd'hui dépouillée de son héritage et profondément humiliée. Son gouvernement fut cependant doux et pacifique ; il se souvenait qu'il descendait de Thierry d'Alsace et que sa fille avait épousé l'un des fils de Guy de Dampierre.

Au mois de mai 1301, Philippe-le-Bel voulut visiter sa nouvelle conquête. La reine l'accompagnait ; elle apportait dans ce voyage toutes les joies de l'orgueil et de la vengeance. Issue par son père de la maison des comtes de Champagne, si souvent rivaux des comtes de Flandre, elle appartenait par sa mère à celle des comtes d'Artois. Une haine de plus en plus vive l'animait contre la Flandre depuis le jour où le fils de Robert d'Artois avait été mortellement blessé près de Furnes; c'était un frère du vainqueur de Bulscamp, Jacques de Châtillon, comte de Saint-Pol, qu'elle amenait avec elle, afin qu'une sévère oppression succédât désormais à l'administration paternelle du connétable.

Philippe-le-Bel entra d'abord à Douai, puis à Lille, à Courtrai, à Gand, se faisant reconnaître et saluer comme souverain-seigneur et maître du pays. Prétendant que toute la terre de Flandre avait fait retour au domaine de la couronne, il la réunit au ressort du parlement de Paris, et institua des magistrats et des tribunaux pour rendre la justice en son nom. A Gand, la réception qu'on lui fit fut brillante. Les habitants allèrent au-devant de lui vêtus uniformément de riches étoffes de trois couleurs ; les échevins lui offrirent de splendides présents ; il y eut des fêtes, des tournois ; et le séjour du roi ne coûta pas moins de vingt-sept mille livres à la ville. Mais, pour son argent, la multitude s'était réservé le droit de réclamer à grands cris, au passage du roi, l'abolition des impôts qui étaient nouvellement établis sur diverses denrées, notamment sur la bière et sur l'hydromel, et qui lui étaient fort sensibles. Philippe-le-Bel accorda cette faveur, ce qui contraria vivement l'aristocratie. Il supprima l'institution des trente-neuf et ordonna qu'à l'avenir quatre prud'hommes choisiraient annuellement vingt-six bourgeois pour régir la ville, treize échevins et treize conseillers. Les prud'hommes devaient être désignés par les magistrats sortants.

Après un séjour d'une semaine à Gand, le roi poursuivit son voyage vers Bruges où il fit son entrée solennelle le 29 mai. Toutes les maisons y étaient couvertes d'ornements précieux ; sur des estrades, auxquelles étaient suspendues les tapisseries les plus riches, se pressaient les dames de Bruges dont la beauté et les joyaux éveillèrent dans le cœur de la reine une ardente jalousie; elle fut révoltée de se voir éclipsée par la somptuosité des parures des dames de cette opulente cité. « Je croyais être seule reine en ce lieu, dit-elle, et j'en vois ici par centaines. »

Quant au peuple, auquel les échevins avaient défendu sous peine de mort de faire entendre aucun cri, d'adresser aucune réclamation semblable à celle des Gantois, il resta muet, son silence effraya Philippe-le-Bel; ce fut en vain qu'il appela près de lui les bourgeois et fit proclamer les joutes les plus brillantes, il y avait du sang sur les pavés de Bruges. « Ces fêtes furent les dernières que les Français connurent de notre temps, car la fortune, qui s'était jusqu'alors montrée si favorable au roi de France, tourna tout à coup sa roue, et il faut en trouver la cause dans l'injuste captivité de l'innocente demoiselle de Flandre et dans la trahison dont le comte de Flandre et ses fils avaient été les victimes ». (*Villani*).

Philippe-le-Bel ne resta pas longtemps à Bruges. Il emmena avec lui Raoul de Nesle, qui avait eu le gouvernement du comté depuis la conquête et l'avait administré avec sagesse. Jacques de Châtillon, oncle de la reine, lui fut donné pour successeur. Châtillon nourrissait une vieille haine contre les flamands, et l'on n'attendait rien de bon de son humeur sombre et chagrine. Le comte Robert de Boulogne lui fut adjoint avec douze cents cavaliers.

En retournant en France, le roi visita sur sa route le magnifique domaine de Winendale, puis il se rendit à Ypres et repassa par Lille et Douai.

CHAPITRE IV.

CHAPITRE IV.

RÉVOLTE DES BRUGEOIS. — ADMINISTRATION DE CHATILLON. — PIERRE DE KONINCK. — JEAN BREYDEL.

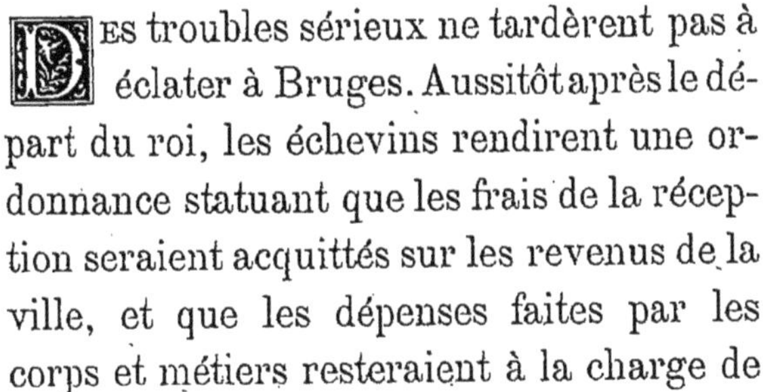

Des troubles sérieux ne tardèrent pas à éclater à Bruges. Aussitôt après le départ du roi, les échevins rendirent une ordonnance statuant que les frais de la réception seraient acquittés sur les revenus de la ville, et que les dépenses faites par les corps et métiers resteraient à la charge de ceux-ci. Une menaçante opposition se manifeste à l'instant parmi la multitude. Il y avait alors à Bruges un homme jouissant d'un grand crédit chez les gens de métiers. Il se nommait *Pierre de Koninck*. Pauvre et d'une naissance obscure, déjà chargé d'années, borgne et de petite taille, il n'offre dans sa personne que l'extérieur le plus vulgaire, mais quoiqu'il ne sache pas le français, il parle la langue flamande avec une éloquence irrésistible. Il est courageux, de bon conseil et fort actif dans l'exécution. Sa parole convaincue et irrésistible lui gagne tous les suffrages.

Il protesta au nom des tisserands, contre la décision du conseil échevinal, et devint bientôt le patron des mécontents. Le bailli royal de Bruges le fit arrêter et enfermer, avec vingt-cinq autres citoyens notables, dans la prison du bourg ou *'s Gravensteen*. Les gens de métiers furieux se soulèvent, prennent les armes, brisent les portes de la prison, délivrent de Koninck et ses compagnons.

Le nouveau gouverneur de la Flandre, Jacques de Châtillon, était absent; après avoir passé avec le roi quelques jours au château de Winendale, il l'avait accompagné à Ypres et à Béthune, quand le bruit de l'émeute des Brugeois le rappela précipitamment. Il se hâta de réunir cinq cents chevaux et de les diriger sur Bruges. Toutefois, il craignait d'en trouver les portes fermées et de se voir réduit à former le siège des remparts qui avaient été élevés deux ans auparavant par les soins des français. Il avait résolu de rester à quelque distance de la ville jusqu'à ce que les magistrats et le sire de Ghistelles, qui lui étaient favorables occupassent la porte par laquelle il devait y pénétrer, à un signal convenu. Ce devait être le son d'une cloche.

C'était le 13 juillet 1301. Au son de l'Angelus, le peuple sur lequel les *Leliaerts* devaient tomber à l'improviste, descend en masse et en armes sur les places et dans les rues. Les nobles se sentant les plus faibles sont forcés de se réfugier dans le château contigu à Saint-Donat. Les communiers s'acharnent sur la forteresse, l'emportent d'assaut, tuent ou blessent un grand nombre de chevaliers et s'emparent des autres. Le sire de Ghistelles parvint à fuir; le gouverneur avec sa troupe, averti par le bruit de ce qui se passait, n'avait pas osé pénétrer dans la ville, il avait jugé plus prudent d'attendre de nouveaux renforts. Chaque jour, son armée s'accroissait et de nombreux chevaliers ne tardèrent pas à le rejoindre sous les ordres de son frère, le comte de Saint-Pol. Une lutte sanglante allait avoir lieu, lorsque des hommes sages offrirent leur médiation. Elle fut acceptée et il fut décidé que tous ceux qui avaient pris part à la dernière affaire, s'exileraient d'eux-mêmes de la cité, et que le reste du peuple se soumettrait aux décisions du gouverneur et de son frère. Pierre de Koninck et ses amis quittèrent la ville comptant bien y rentrer quand l'occasion se présenterait de secouer la domination étrangère.

Jacques et Guy de Châtillon vinrent alors résider à Bruges. Ajournant ses projets de vengeance pour mieux cependant en préparer l'exécution, le gouverneur commença par détruire les moyens de défense de la ville. Il fit démolir les tours en bois et en pierre qui existaient à l'extérieur des murailles, jeter bas quelques-unes des portes, raser sur plusieurs points le rempart circulaire en terre et combler les fossés. Le peuple voyait avec tristesse ces travaux de destruction. Ce fut bien pis lorsqu'il entendit les hérauts du gouverneur publier par les rues que, pour ses rebellions et désobéissances, la ville de Bruges avait forfait et perdu ses libertés, franchises et privilèges. Alors ce ne furent pas seulement les gens du commun qui gémirent, mais le sentiment national se sentit outrageusement blessé dans toutes les classes de la cité. Les bourgeois interjetèrent appel au parlement de Paris, et y envoyèrent des députés chargés de soutenir cette importante affaire.

Le gouverneur n'en continua pas moins l'exécution de son plan. Dans le courant de l'été et durant l'automne, il construisit deux grandes forteresses, l'une à Lille, l'autre à Courtrai; il en commença une troisième à Bruges qui ne fut jamais achevée. Pour subvenir aux dépenses que ces travaux nécessitaient, il établit de lourdes taxes qui pesaient presque entièrement sur les artisans et le bas peuple, car Châtillon ménageait les nobles et les riches dont il voulait se faire un appui. Les ouvriers étaient contraints à payer le quart du salaire de leur travail journalier. Les ateliers finirent par être abandonnés, et l'on vit un grand nombre de maîtres de fabrique et de commerçants, excédés de cette tyrannie sans exemple, quitter la Flandre et aller chercher fortune dans des contrées plus heureuses. La rapacité du gouverneur alla si loin qu'il avait établi dans son hôtel même, près du pont nommé *Snakkers-Brugge,* un bureau de perception pour une nouvelle taxe que les pauvres gens appelaient l'impôt du coin *(Hoek-tol)*, et avec lequel, disait-on, il aurait tiré un droit de moûture des statues elles-mêmes. Les amis du comte, les parents de ses compagnons de captivité, les enfants des nobles flamands tués en défendant la cause de leur maître, étaient l'objet de sa haine et de sa violence. Jamais oppression ne prit des formes plus odieuses et plus insupportables.

Les fils du comte, principalement Jean de Namur et Guy, son frère, avec leur neveu Guillaume de Juliers, surnommé le clerc, parce qu'il était chanoine de Maestricht et prévôt de l'église d'Utrecht, voyaient avec une profonde douleur les maux de la patrie, et la captivité de leur père, de leurs frères, de leurs plus braves serviteurs. Pendant l'hiver, ils nouèrent des intelligences secrètes avec les partisans qu'il avaient en Flandre, et ils engagèrent Pierre de Koninck à retourner à Bruges avec sès compagnons d'exil.

Pierre de Koninck revint dans sa ville chérie et y fut accueilli avec de si énergiques marques de sympathie par les tisserands, les foulons et quelques-autres corps de métiers, que ni le bailli du roi, ni les échevins n'osèrent l'expulser de la ville. Vers la fin de l'hiver, les envoyés brugeois rapportèrent à leurs concitoyens la désolante nouvelle que le parlement avait déclaré leurs antiques privilèges bien et dûment anéantis. Tous les yeux se tournèrent vers de Koninck, qui se sentit assez fort pour chasser loin des murs les ouvriers occupés à la démolition des remparts. Il déclara en même temps par lettre à Châtillon qu'il n'avait pas le droit de toucher aux fortifications de la noble ville de Bruges, sans le consentement du peuple. Le bailli, les échevins, les *Leliaerts* s'enfuirent tremblants de la cité, et le doyen avec ses amis y resta comme souverain seigneur et maître.

Sur ces entrefaites, un soulèvement populaire éclata à Gand au mois de mars. Jacques de Châtillon, assisté du bailli de

Gand, venait de rendre une ordonnance qui remettait en vigueur les taxes sur les denrées, abolies par Philippe-le-Bel; et ce pour l'acquittement des vingt-sept mille livres dépensées à l'occasion de l'entrée du Roi et de la Reine. Les opposants étaient menacés de la mort ou de l'exil. La commune accueillit cette nouvelle avec des frémissements d'indignation. Le jour où la proclamation eut lieu, vers le soir, les artisans sortant de leurs ateliers se formèrent en groupes dans les différents quartiers de la ville : les esprits étaient montés par le soulèvement de Bruges : on tient des colloques, on délibère, enfin il est décidé que l'on ne travaillera point le lendemain, et qu'on s'opposera de toutes les forces au payement de l'impôt. Le bailli, les échevins, les *Leliaerts,* informés de ces rassemblements, passèrent la nuit en conseil. Dès le matin, ils s'armèrent au nombre d'environ huit cents, et se postèrent dans les rues et les carrefours pour contenir les mutins. La matinée se passa sans troubles, mais à trois heures de l'après-midi, une troupe de gens du peuple s'arme secrètement, saisit la bannière du quartier, se répand sur la voie publique et marche vers le beffroi pour sonner le tocsin. Le beffroi était gardé de manière à n'en pouvoir approcher; alors on apporte des bassins de cuivre, on frappe dessus à coups redoublés, on court à travers la ville, on pousse des cris d'alarme; et bientôt de toutes parts, des fabriques, des maisons, des caves, sort une multitude immense brandissant des glaives, des barres de fer, des bâtons, enfin tous les instruments de mort dont elle a pu s'emparer. Les magistrats et les nobles cherchent à résister; mais accablés par le nombre, ils se voient obligés de chercher un refuge dans le château contigu à l'église de Sainte-Pharaïlde. Les insurgés les y poursuivent et, avant neuf heures, il était forcé. Deux échevins et onze des principaux de la ville sont tués sur le coup; cent environ sont grièvement blessés; les autres, le bailli du roi à leur tête, menacés d'être égorgés jusqu'au dernier, implorent miséricorde et sont forcés de prêter serment au peuple.

Ce terrible exemple de la fureur populaire n'ouvrit pas les yeux à Châtillon. En vain les gens sensés lui rappelaient ce qu'avait dit Charles de Valois au roi de France : « Sire, les flamands sont fiers, et c'est par la douceur qu'il faut les prendre. » L'arrogant et mal avisé gouverneur ne voulait rien entendre. Il n'avait à la bouche que des mots menaçants et ne parlait que de pendre tout le monde.

Le 2 avril, les Gantois allèrent attaquer Lessines, où se trouvait une garnison française. Ils s'emparèrent de cette ville, y mirent le feu et la rasèrent de fond en comble.

Bruges était toujours au pouvoir de Pierre de Koninck et du peuple. Le château de Mâle, superbe domaine des comtes de Flandre, situé non loin de cette ville, avait été donné par Philippe-le-Bel à un de ses chevaliers, Gobert d'Espinoy. Gobert y faisait vendre par ses serviteurs du vin aux flamands. Le 1er mai, il s'y trouvait quelques bourgeois de Bruges, et entre autres Jean Breydel, doyen de la corporation des bouchers. Une querelle s'éleva entre les buveurs, et Breydel fut injurié par un des valets du sire d'Espinoy.

Le doyen était un homme de noble condition qui autrefois avait fait partie de la cour du comte Guy : un coup de poignard fut la seule réponse qu'il fit à l'insolent valet. Gobert l'apprend et veut se saisir du meurtrier, qui avec les siens oppose une vive résistance. Le danger que courait Breydel, très connu à Bruges, y jette aussitôt l'alarme; sur le champ sept cents Brugeois, dirigés par le sire de Bornheim, chevalier de l'ordre du Temple, se précipitent vers Mâle, dégagent leur concitoyen et tuent Robert d'Espinoy avec plusieurs de ses gens. Breydel rentre triomphant à Bruges, voue une haine à mort aux français et jure de ne plus vivre que pour délivrer sa patrie. Dès ce jour, il devint comme un second tribun du peuple; son nom, en flamand, signifie bride ou frein, et l'on disait communément que Breydel briderait l'arrogance française.

CHAPITRE V.

CHAPITRE V.

LES MATINES BRUGEOISES.

Ce fut dans ces circonstances que l'on vit arriver à Bruges Guillaume de Juliers, petit-fils du comte de Flandre. Ce jeune homme d'un grand cœur avait d'abord embrassé l'état ecclésiastique; mais les dangers de la patrie lui avaient fait quitter l'aumusse pour endosser le harnais, et il accourait résolu à triompher ou à mourir avec les siens. Sa venue fut accueillie avec des cris de joie par les habitants de Bruges, de Damme et d'Ardenbourg. Il se mit sur le champ en rapport avec de Koninck et Breydel et fut proclamé chef suprême des mécontents. Sous son étendard, ils allèrent dévaster les domaines du sire de Zieseele, un des principaux *Leliaerts* et ennemi personnel du comte de Flandre. De là ils se portèrent sur le château de Mâle dont ils s'emparèrent et massacrèrent tous les habitants.

Jacques de Châtillon commençait à se sentir trop faible pour dompter les Brugeois. Il prit l'avis de l'évêque d'Auxerre et de Pierre Flotte, chancelier de France, que le roi venait d'envoyer en Flandre. Ceux-ci lui conseillèrent de faire un appel à la noblesse et aux soudoyers du Hainaut, du Vermandois et de la Flandre. De grands préparatifs de guerre suivirent cet appel qui eut lieu à Courtrai et jetèrent la terreur dans le peuple, sur lequel d'ailleurs les *Leliaerts* employaient avec plus de zèle que jamais leurs moyens accoutumés d'influence, l'argent et les belles promesses. Guillaume de Juliers se détermina alors à quitter Bruges momentanément et à rejoindre ses oncles. Pierre de Koninck résolut de faire une tentative pour émouvoir le peuple de Gand; mais tous les efforts de son éloquence échouèrent. Il regagna tristement la ville de Bruges et fit dire aux fils du comte Guy qu'il fallait attendre des temps meilleurs.

Le peuple de Gand avait été séduit par les gens du lis; celui d'Ardenbourg, imitant cet exemple, abat l'étendard de Juliers et dresse à sa place l'écusson français; de Koninck accourt, la rage dans le cœur, livre une attaque vigoureuse à cette ville très-fortifiée, s'en rend maître, tue les principaux d'entre les *Leliaerts* et relève la bannière renversée. A son retour à Bruges, le peuple, si facilement injuste quand il est malheureux, lui ferma les portes, en lui reprochant les malheurs de la cité dont il l'accusait d'être l'auteur. de Koninck menacé même dans sa vie, courba le front devant l'orage populaire et s'éloigna de nouveau de sa ville natale où naguère encore il était si puissant et si considéré.

Jacques de Châtillon s'approchait de Bruges à la tête de troupes nombreuses qu'il avait rassemblées. La ville, privée de tout espoir de résistance sérieuse, fut saisie d'une terreur profonde. On se hâta d'envoyer au-devant du gouverneur des députés chargés de traiter de la paix. Ces députés furent accueillis avec bienveillance, et le chancelier Pierre Flotte leur promit que les Français entreraient en amis et au nombre de trois cents cavaliers seulement.

En conséquence, on publia dans Bruges que tous ceux qui craignaient le résultat de l'enquête sur les troubles eussent à quitter la ville le lendemain avant la neuvième heure du jour. Plus de cinq mille citoyens se hâtèrent de partir et se dirigèrent sur Damme, Oudenbourg et les rivages du Zwyn; ils allèrent piller dans la première de ces villes, les approvisionnements en vivres et en vins destinés à la subsistance des français. Breydcl accompagnait ces réfugiés, et de Koninck ne tarda pas à venir les rejoindre.

Le 23 mai, le gouverneur et Pierre Flotte firent leur entrée à Bruges. Au mépris des conventions, ils étaient accompagnés de dix-sept cents cavaliers bien armés et d'un corps nombreux d'arbalétriers et de fantassins. A leur suite venaient des chariots avec des tonneaux pleins de cordes pour pendre les rebelles. Châtillon portait autour de lui des regards farouches et les paroles menaçantes qui sortaient de sa bouche, faisaient présager de prochains et épouvantables malheurs.

Le gouverneur, descendu à son hôtel, soupa avec le chancelier et les principaux seigneurs qu'il avait amenés ; puis il établit des postes aux carrefours et à toutes les issues, dans le dessein de mettre le lendemain ses projets de vengeance à exécution. Mais il avait compté sans ses hôtes ; au milieu du silence de la nuit, les gens du peuple s'armèrent et prirent leurs mesures.

Bon nombre d'entre eux se rendirent auprès des émigrés qui se tenaient aux environs de la ville, leur disant que s'ils voulaient sauver leurs foyers, la vie de leurs femmes, de leurs enfants, et de leurs amis, il fallait qu'ils se rendissent à Bruges avant l'aurore, pour tomber ensemble sur les Français. Sans perdre une minute, tous se mettent en route, de Koninck et Breydel à leur tête.

Le 18 mai, avant le lever du soleil, la ville semblait plongée dans un profond repos, mais quelques hommes cachés dans les décombres des fortifications épiaient, vers les champs, le signal que devaient donner les exilés. Au soleil levant, on les aperçut qui venaient. Aussitôt la multitude envahit, comme un torrent, toutes les rues de la cité ; elle égorge les postes qui veillent aux portes, on voit paraître Breydel, le regard enflammé, brandissant de la main droite un des terribles instruments de sa profession ; il se précipite vers la foule et, d'une voix retentissante, proféra cette harangue digne des beaux jours de l'antique Lacédémone :

« Hommes de Bruges, montrez en ce jour le courage de vos ancêtres et avant la nuit notre cité sera libre ! » Une population furieuse l'entoure et le suit. Tandis qu'il se dirige vers le pont Saint-Jean, de Koninck pénètre dans Bruges par un autre point, à la tête d'un corps de plus de sept mille hommes, formé des exilés et des paysans qui s'étaient joints à eux. Il fit retentir trois fois les airs du cri de guerre des Flamands : *Vlaanderen den Leeuw!* (Flandre au Lion)! et gagne Saint-Donat, la place et l'église du Saint-Sauveur. Les conjurés avaient pris pour devise et mot d'ordre : *Schild en Vriend* (bouclier et ami), mots dont la vraie prononciation est presque impossible à des bouches françaises.

Les Français, surpris par le bruit et le tumulte, s'élancent dans les rues pour combattre, mais disséminés et éloignés de leurs chefs, ils n'opposent aux assaillants qu'une faible résistance. Le peuple exaspéré ne fait aucun quartier; tout ce qui ne peut prononcer *Schild en Vriend* est égorgé sans miséricorde; les cadavres s'amoncèlent dans les rues; ceux qui fuient épouvantés tombent comme ceux qui cherchent à se défendre. Commencée le matin, cette terrible boucherie ne finit qu'avec le jour. Quinze cents chevaliers et deux mille soudoyers périrent; le reste échappa comme par miracle. Châtillon et Pierre Flotte, qu'un noble *Leliaert* cacha dans son logis, furent de ce nombre. Ils s'évadèrent à la faveur de la nuit. Le gouverneur avait revêtu la robe de son chapelain, il traversa à la nage le fossé de la ville et arriva le lendemain à Courtrai, tremblant et mouillé jusqu'aux os.

Les Français appellent cette journée les Vêpres brugeoises; elles ne furent pas moins sanglantes pour eux que les Vêpres siciliennes !

Henri Conscience, dans son admirable ouvrage, *Le Lion de Flandre*, a retracé comme suit, la fin de cette terrible journée :

« — Les bouchers avaient poursuivi les fugitifs jusque près de la porte ; lorsqu'ils virent Châtillon et Pierre Flotte disparaître au loin au milieu des arbres, ils furent transportés de rage et de dépit : la vengeance leur semblait incomplète. Ils semblaient pétrifiés ; enfin, après avoir fixé opiniâtrément les yeux pendant quelque temps sur l'endroit où Châtillon avait disparu ils quittèrent le rempart et se dirigèrent, tout mécontents, vers le marché du Vendredi. Tout à coup un autre bruit vint éveiller leur attention : du centre de la ville s'élevaient une foule de voix confuses qui, par intervalles, remplissaient l'air de longues et bruyantes acclamations, comme si un prince eût fait sa joyeuse entrée. Les bouchers ne pouvaient rien comprendre à ces cris de triomphe et d'allégresse ; les voix étaient encore trop éloignées. Peu à peu la foule enthousiaste se rapprocha et bientôt les acclamations devinrent intelligibles, on criait :

„ — Vive le Lion ! Vive notre Doyen ! La Flandre est libre ! Vivat ! Vivat !!

„ Une foule immense d'habitants traversait comme un torrent les rues de Bruges. Les acclamations des Flamands qui venaient de reconquérir leur liberté, se répercutaient le long des façades des maisons, et provoquaient comme un roulement de tonnerre dont les sourds grondements retentissaient au-dessus de la ville ; les femmes et les enfants couraient au milieu des gens des métiers armés, et de joyeux battements de mains s'unissaient aux cris incessants :

„ — Vive le Lion de Flandre !

„ Au milieu de la multitude émergeait un étendard blanc dans les plis ondoyants duquel était brodé un lion d'azur. C'était la grande bannière de la ville de Bruges celle qui, pendant si longtemps, avait dû s'incliner devant la fleur de lis. On venait de la tirer de son réduit, et la réapparition de cet emblème sacré était saluée par mille cris de joie.

» Un homme de petite taille portait le drapeau acclamé, et, les bras croisés sur la poitrine, le tenait serré sur son cœur, comme si ce contact lui eût inspiré un fervent enthousiasme. D'abondantes larmes coulaient sur ses joues, larmes que lui faisaient verser l'amour de la patrie et le bonheur de la voir libre : une indicible expression de félicité rayonnait sur sa physionomie. Lui qui, en présence des plus grandes catastrophes, n'avait jamais pleuré, il pleurait après avoir replacé le lion, emblème de la ville natale, sur l'autel de la liberté.

» Les yeux des innombrables spectateurs

étaient sans cesse fixés sur cet homme, et les cris : Vive de Koninck ! Vive le Lion ! étaient répétés alors avec plus de force. Dès que le doyen des tisserands se fut rapproché, avec l'étendard, du marché du Vendredi, une joie folle s'empara du cœur des bouchers ; eux aussi répétèrent à plusieurs reprises les clameurs triomphales et se pressaient mutuellement la main avec une ardente effusion. Quelles nobles passions l'amour de la patrie allume dans les cœurs ! Breydel s'élança en avant comme un insensé, et courant se ranger sous l'étendard, tendit les deux mains avec une visible impatience vers le lion. de Koninck présenta le drapeau au doyen des bouchers et dit :

» — Tenez, mon ami, voilà ce que nous avons reconquis aujourd'hui ; c'est le symbole de la liberté de nos pères.

» Breydel ne répondit pas, son cœur débordait d'effusion ; tremblant d'émotion, il étreignit convulsivement le drapeau dans ses bras et embrassa le lion triomphant. Il cacha sa tête dans les plis de la soie et se mit à pleurer pendant quelques instants sans faire un mouvement; puis, écartant le drapeau il se précipita, en proie à la plus vive exaltation, sur le sein de de Koninck.

» Tandis que les deux doyens s'étreignent dans un chaleureux embrassement, le peuple ne cesse pas ses acclamations; des transports d'allégresse dont l'écho se perdait au loin, planaient au-dessus de ces milliers de têtes; un frémissement continu ondulait sur cette multitude émue qui ne savait résister aux débordements de joie qui l'inondaient. Le marché du Vendredi n'était plus assez vaste pour contenir les citoyens qui s'y entassaient haletants, pressés les uns contre les autres.

» Le doyen des tisserands se dirigea vers le centre de la place et s'approcha de la potence encore debout. Les corps des victimes en avaient été détachés et venaient d'être inhumés; mais on y avait laissé à dessein les cordes, souvenirs de la tyrannie. L'étendard portant le lion de Flandre fut planté à côté de l'instrument de supplice, et salué par de nouvelles acclamations. de Koninck, après avoir de nouveau levé les yeux vers le drapeau reconquis, s'agenouilla lentement, puis inclinant la tête, se mit à prier, les mains jointes.

„ Quand on lance une pierre dans une eau dormante le mouvement se propage en cercles tremblants sur toute la surface. La pensée et l'intention de de Koninck se répandit de même dans la multitude des citoyens qui l'entouraient, bien que la plupart ne pussent le voir. Ceux qui se trouvaient le plus rapprochés de lui s'agenouillèrent d'abord en silence, et communiquèrent l'impulsion à d'autres, si bien que toutes les têtes finirent par s'incliner successivement. Les voix se turent au milieu de l'immense cercle, puis allèrent toujours diminuant, jusqu'à ce que le plus grand silence régnât dans la foule. Des milliers de genoux touchaient ce sol encore ensanglanté, des milliers de têtes s'humiliaient devant le Dieu qui a créé l'homme pour la liberté !

» de Koninck se releva bientôt et, pendant que le silence régnait encore, il dit à haute voix afin qu'un grand nombre pussent l'entendre :

« — Frères, aujourd'hui le soleil res-
» plendit d'un éclat plus vif, l'air est pur
» dans notre cité : l'haleine des étrangers
» a cessé de le corrompre ! Ces orgueilleux
» tyrans ont cru que nous serions et reste-
» rions leurs esclaves ; mais ils ont appris,
» au prix de leur vie, que notre vaillant lion
» peut sommeiller mais non mourir. Nous

» avons reconquis le patrimoine de nos » pères et lavé dans le sang les traces de » l'étranger. Mais tous nos ennemis n'ont » pas mordu la poussière : la France enverra » contre nous plus d'une armée de merce- » naires, car le sang appelle le sang. Peu » importe ! dès ce jour nous sommes invin- » cibles. Cependant ne vous endormez pas » sur vos lauriers : que vos cœurs restent » nobles, fiers et courageux, ne laissez pas » s'éteindre la généreuse flamme qui, en » ce moment, échauffe votre sein. — Que » chacun maintenant regagne sa demeure » et se réjouisse avec les siens de l'heu- » reuse délivrance de la patrie. Oui ! » poussez des cris de joie et buvez le vin » de l'allégresse, car ce jour est le plus » beau de votre vie. Que ceux qui ne » possèdent pas de vin se rendent à la » halle ; l'on y distribuera une mesure par » homme. »

» Les clameurs qui grandissaient de plus en plus ne permirent pas à de Koninck de prolonger sa harangue ; il fit signe aux doyens qui l'entouraient et se dirigea avec eux du côté de la rue des Pierres. La foule s'ouvrit respectueusement devant lui et partout les citoyens le saluaient d'acclamations enthousiastes. Aussitôt tout le monde se précipita vers l'étendard qui était planté à côté de la potence ; chacun à son tour vint contempler avec orgueil le Lion de Bruges, et regarder d'un œil ému cet emblème de la cité comme on regarde le visage d'un ami qui, après un long voyage, revient de l'étranger au milieu de ses frères. Ce spectacle faisait agiter à ces patriotes les bras en l'air et provoquait des démonstrations si enthousiastes que de loin elles eussent paru insensées à un homme calme et indifférent. »

CHAPITRE VI.

CHAPITRE VI.

RÉSULTATS DES MATINES BRUGEOISES.

La terreur régnait parmi les Français et les *Leliaerts*. Guillaume de Juliers accourut à Bruges où il fut reçu avec enthousiasme. Il se vit bientôt à la tête de forces considérables. Vers la fin de mai, il s'avança sur le territoire de Slype, de Furnes, de Bergues, de Bourbourg, dont les habitants se soulevèrent à son approche contre la domination française, et le reconnurent pour leur chef. Le château de Winendale, antique résidence des comtes de Flandre, se rendit après trois semaines de siège. Le jeune prince se trouvait alors maître de forces considérables. Il somma Bergues de faire sa soumission. Le gouverneur français nommé Payelle avait sous ses ordres une nombreuse infanterie et sept cents cavaliers; de solides fortifications protégeaient la ville. Cependant les Français ne crurent pouvoir tenir et s'enfuirent à Saint-Omer avec les *Leliaerts*. Guillaume, maître de Bergues, le fut bientôt de Cassel; toutefois le château, grâce à sa position au sommet d'une éminence, résista aux efforts des Flamands. Le 1er juin, tandis que Guillaume de Juliers continuait ses opérations avec tant de succès dans la Flandre maritime, Guy de Namur arriva à Bruges avec des troupes allemandes, qu'il venait de prendre à sa solde.

En l'absence de son père et de ses frères captifs en France, Guy se trouvait le chef de la dynastie flamande. Son caractère noble et valeureux était connu de tous ; son arrivée fut signalée par de grands transports de joie et redoubla le courage des Flamands. De toutes parts on accourut se ranger sous ses drapeaux. Le territoire de Courtrai et celui d'Audenarde reconnurent la cause nationale. La citadelle de Courtrai avait pour commandant Jean de Lens, un des chefs des *Leliaerts*, à la tête d'une garnison considérable : Guy de Namur mit le siège devant cette place.

Les Français perdaient du terrain de plus en plus. Ypres ne tarda pas à s'unir à la cause commune, et équipa même une troupe de cinq cents hommes, tous vêtus de rouge, et une centaine d'arbalétriers qu'elle envoya au siège de Courtrai. Gand fut maintenu sous l'autorité du roi de France par l'influence des *Leliaerts*, et grâce aux ménagements tout particuliers dont Châtillon usa envers les habitants. Enfin le gouverneur ne se sentant plus en état de soutenir la lutte, laissa Pierre Flotte à Lille, et s'en vint trouver Philippe-le-Bel à Paris. Le roi dont la colère était attisée par l'animosité implacable de la reine, nièce de Châtillon, assembla son conseil, et il fut décidé qu'une armée formidable envahirait de nouveau la Flandre.

Robert d'Artois qui devait la commander fit un appel à toute la noblesse de France, et à celle des pays que Philippe-le-Bel avait détachés de l'alliance flamande. « Ainsi la Flandre, dit Meyer, allait encore se trouver comme un agneau parmi les loups. »

CHAPITRE VII.

CHAPITRE VII.

PRÉPARATIFS MILITAIRES DES KLAUWAERTS.
ENTRÉE DE L'ARMÉE FRANÇAISE EN FLANDRE.

Guillaume de Juliers qui assiégeait Cassel, averti par ses espions des préparatifs de Philippe-le-Bel, leva le siège et se dirigea vers Courtrai. Le 26 juin, son armée se réunit à celle de son oncle sous les murs de Courtrai, dans la plaine de Groeningue. C'était ce plateau élevé, borné au nord par la Lys, à l'ouest par les fossés du château de Courtrai et à l'est et au sud par un petit ruisseau, que tous les défenseurs de l'indépendance flamande avaient choisi pour planter leurs bannières et répondre à l'appel de leurs chefs.

Au premier rang se trouvaient les milices de Bruges conduites par Pierre de Koninck et Jean Breydel. On y voyait toutes les corporations rangées autour de leurs doyens. Tous les membres des métiers portaient de riches costumes quelquefois jaunes ou bleus, quelquefois blancs avec une croix rouge. Tous étaient armés avec soin. Mais c'était surtout au milieu des milices du Franc qu'il fallait chercher le zèle le plus belliqueux et une soif de vengeance qui ne pouvait s'étancher que dans le sang. A toutes les époques, la destinée des habitants du Franc avait été de souffrir, plus que toutes les autres populations, des invasions étrangères auxquelles leurs mœurs restaient constamment hostiles. Pour eux l'histoire du XIVe siècle était l'histoire de tous les siècles précédents. De même que Richilde et Mathilde, Jacques de Châtillon les avait réduits à un état voisin de la servitude; après avoir accueilli avec enthousiasme la présence de Guillaume de Juliers, ils étaient accourus à la voix du fils du comte de Flandre pour repousser l'étranger. A demi-nus, la tête haute, les membres robustes et nerveux, brandissant dans leurs mains la massue de leurs ancêtres, ils se serraient autour de leur chef Eustache Sporkin.

Chaque ville, chaque canton s'était empressé d'envoyer son contingent. On y distinguait les gens de Furnes, du Furnes-Ambacht et de tout le littoral; ceux d'Ypres, d'Audenarde, d'Alost, de la Flandre zélandaise; six cents Namurois bien armés, envoyés par le comte Jean au secours de son frère ; enfin sept cents Gantois qui avaient trouvé moyen de s'échapper de leur cité, sous la conduite d'un héros de la bataille de Woeringen, le chevalier Jean Borluut, dont ils étaient tous les parents ou les serviteurs. Deux nobles échevins de Gand, Baudouin Steppe et Jean Van Loyeghem, s'étaient joints à ces braves gens. Le peuple ne prenait pas seul part à ce grand mouvement national : quoique plus de cinquante barons flamands fussent retenus prisonniers en France, que beaucoup d'autres du parti des lis figurassent honteusement dans les rangs français, un grand nombre de chevaliers suivaient néanmoins le Lion de Flandre et prirent une part honorable à l'affranchissement de leur patrie. On retrouve dans cette phalange sacrée de l'aristocratie flamande les noms glorieux des Heyne, des Gavre, des Raveschoot, des Ghistelles, des Lichtervelde, des Goethals, des Renesse, etc. Les forces réunies des Flamands s'élevaient à environ soixante mille fantassins. On ne comptait dans leurs rangs que peu de chevaliers, quoique le nombre des nobles, comme nous venons de l'indiquer, fût assez considérable. Les Flamands plaçaient leur espoir en Dieu et avaient résolu de mourir pour la défense de leurs lois et de leur liberté.

Les historiens du temps disent que l'armée des Français était si nombreuse que leurs chevaux et leurs chars cachaient la surface de la terre. Toutes les provinces de la monarchie avaient envoyé leur noblesse; on avait recruté des Navarrais et des Espagnols; puis on avait appelé à grands frais les meilleurs archers de la Lombardie et du Piémont. Godefroid de Brabant et Jean de Hainaut, qui espéraient profiter du démembrement de la Flandre, s'étaient aussi rendus sous les bannières françaises.

Villani porte cette armée à sept mille cinq cents chevaliers, dix mille archers et quarante mille sergents d'armes.

Lorsque le comte d'Artois quitta Lille, le 8 juillet, son orgueil n'apercevait plus d'obstacle : une victoire facile devait le conduire aux portes de Bruges, tandis qu'une flotte venue de Normandie se joindrait à une flotte hollandaise pour attaquer la Flandre par les rivages de la mer. Il avait, disait-on, fait charger ses chariots de cordes destinées à former des gibets, sa marche était accompagnée de mille horreurs. Pas un château, pas une église, pas une chaumière ne resta debout. Le feu dévorait tout sur son passage. La cruauté française ne respecta ni les femmes, ni les vieillards, ni les enfants. Si l'on en croit les historiens flamands, la reine de France aurait provoqué ces horreurs par des paroles atroces. Dans leur rage insensée, les Français allèrent jusqu'à s'attaquer aux saints et aux saintes du pays, dont ils décapitaient les statues à coups d'épée.

Ces dévastations, loin d'effrayer les Flamands n'excitèrent que plus vivement leur fureur en les portant à de terribles représailles.

Il fallut deux jours à l'armée française pour se réunir devant Courtrai. Tandis que des escarmouches s'engagaient à l'entrée des faubourgs, Robert d'Artois et ses chevaliers faisaient dresser leurs tentes sur une colline qu'on appelait alors le *Mossenberg*, mais qui depuis ne fut plus connue que sous le nom de *Berg van Weelden*, parce que, selon le récit des historiens contemporains, les chevaliers français y passèrent ces deux journées au milieu des banquets, des jeux et des plaisirs.

CHAPITRE VIII.

CHAPITRE VIII.

BATAILLE DES ÉPERONS D'OR.

L'ARMÉE flamande, avec cette supériorité de tactique que donne la connaissance du terrain, avait habilement choisi sa position. Elle avait la Lys à dos et se trouvait ainsi à l'abri de toute attaque sur ses derrières; à droite elle s'appuyait sur les retranchements de la ville; le front et la gauche étaient protégés par le ruisseau de *Groeninghe*, qui, partant de Courtrai, s'étend assez loin dans la campagne, puis forme un coude pour s'aller jeter dans la Lys. Des prairies marécageuses règnent le long de ce ruisseau, devant lequel, à deux portées d'arc, s'en trouve un autre appelé le *Neerlander*, qui fait le même circuit que le premier. Ce double obstacle devait rendre la manœuvre des chevaux très-difficile.

Le château de Courtrai avait résisté à tous les assauts. Guy de Namur renforça la garnison de la ville pour tenir en respect les Français assiégés de ce côté. A l'extérieur les archers et les arbalétriers d'Ypres furent chargés de garder les issues du fort pour empêcher une diversion.

Robert d'Artois avait divisé d'abord son armée en dix corps ; mais, quand il vit les excellentes dispositions de l'armée flamande, il changea son premier ordre de bataille, pour ne former que trois corps dont un devait servir de réserve. Les Flamands, suffisamment couverts sur leurs flancs et leurs derrières, se développaient en une seule ligne, longue et épaisse, retranchés derrière le ruisseau de *Groeninghe*. Ils avaient échelonné leurs archers en avant, le long du fossé du *Neerlander*.

Le mercredi, 11 juillet, les deux armées se trouvèrent en présence prêtes à combattre. Le soleil levant fit voir aux Flamands la chevalerie française en ordre de bataille, les étendards flottants, les chevaux caparaçonnés. Le moment décisif approchait : un grand silence et un ordre parfait régnaient parmi les soixante mille défenseurs de la nationalité flamande. Tous étaient bien armés, les uns de lances, les autres de longues épées ou de massues hérissées de pointes de fer, qu'ils appelaient *Goedendagen* ou *Bonjours*. Rangés sous leurs bannières respectives, ils se confessèrent, comme ils purent, à des religieux qui, en grand nombre, avaient voulu suivre leurs compatriotes, et qui, obéissant à la double impulsion de la religion et du patriotisme, parcouraient les lignes en distribuant les avis et les exhortations. Cela fait, un prêtre éleva le saint Viatique en face de toute l'armée, et l'on vit chacun alors, pour montrer le désir qu'il avait de participer à la sainte Communion, se baisser dans un pieux recueillement et porter à ses lèvres un peu de cette terre de la patrie pour laquelle il se préparait à mourir.

En ce moment, un brouillard sortant des marais obscurcit la clarté du soleil et déroba les deux armées à la vue l'une de l'autre. Guy de Namur, son neveu Guillaume et les principaux chefs flamands circulaient dans les rangs. « Le soleil se

» cache, disait Guy, tant mieux, il ne nous » gênera pas. Bonnes gens, voici bientôt » l'heure. Les rangs toujours serrés et l'œil » devant soi, frappons alors de grands » coups! Pas de prisonniers, pas de butin: » la mort sur le champ pour quiconque » enfreint cet ordre. C'est notre pays qu'il » faut reconquérir; ce sont nos foyers, nos » femmes, nos enfants, qu'il faut sauver; » ce sont nos seigneurs, depuis longtemps » si misérables dans les prisons de France, » qu'il faut venger! » Il ne s'agit pas de » songer à autre chose. Ces gens-là, mes » bons amis, vont nous attaquer comme » des loups, défendons-nous comme des » loups. Par saint Georges, j'ai bon espoir! » Voyez ces corbeaux qui voltigent au- » dessus de leurs têtes; on dit que depuis » douze jours pas un de leurs mille et mille » chevaux n'a henni. Comment voulez-vous » que Dieu protège ceux que notre saint

» Père le Pape vient d'excommunier ?
» Allons, courage, vous tous mes braves
» compagnons, et n'oublions pas le noble
» cri de nos aïeux : « Flandre au Lion ! — »

— Soixante mille voix répétèrent comme un seul homme le cri national : Flandre au Lion ! —

Guy et Guillaume créèrent sur le front de l'armée plusieurs chevaliers, parmi lesquels on remarquait les deux héros brugeois qui avaient été les instigateurs du soulèvement de la Flandre : de Koninck et Breydel. Tous les chefs ensuite renvoyèrent leurs chevaux, pour que les chances de péril fussent égales entre des hommes qui n'avaient qu'une pensée, qu'un seul sentiment animait : briser les fers de la patrie, ou mourir en combattant pour la délivrer.

Cependant le comte d'Artois s'avançait à cheval, en compagnie du connétable

Raoul de Nesle et de plusieurs seigneurs pour reconnaître la position des Flamands. Les sires de Bartas, de Piémont et de Mantoue, vieux guerriers pleins d'expérience qui commandaient les archers étrangers, s'approchèrent du connétable et lui proposèrent d'attaquer les Flamands sur plusieurs points, de les tenir en haleine pendant quelque temps. « Vous savez, disaient-ils, que ces gens-là boivent et mangent toute la journée, c'est leur habitude. Quand ils auront faim, ils lâcheront pied ; vous alors avec la chevalerie tomberez sur eux, et pas un n'échappera. Ce serait grande folie que de faire embourber la fleur de la noblesse à travers les fossés et les marécages, et l'exposer à trébucher en arrivant sur ce ramassis de vilains. » Le connétable goûta fort cet avis, mais le comte d'Artois le repoussa avec dédain.

A sept heures du matin, les Français

BIBLIOTHÈQUE NATIONALE RF IMPRIMÉS

n'étaient plus qu'à deux traits de flèche des archers flamands postés le long du *Neerlander*; leur cavalerie s'était formée en trois grandes masses séparées. Robert d'Artois fit sonner la charge : les premiers cavaliers qui se précipitèrent vers le fossé large et fangeux ne purent le franchir et restèrent engagés dans la boue jusqu'aux arçons. Les archers flamands firent pleuvoir sur eux une nuée de flèches : pas un n'échappa. « Sire, cria le connétable s'adressant au comte, simulons une retraite; les Flamands nous suivront au-delà de ce ruisseau, et alors nous en aurons beau jeu. »

— « Par le diable, répondit d'Artois pâlissant de colère, voilà un conseil de lombard ! Avez-vous peur de ces loups, ou plutôt n'auriez-vous pas de leur poil ? » — Il faisait allusion au mariage de la fille du connétable avec Guillaume de Termonde, second fils du comte de Flandre. Ce brutal soupçon blessa profondément le vieux soldat.

— « Sire, reprit-il, si vous allez là où j'irai, vous irez bien avant. »

A ces mots il s'élance avec impétuosité. Toute la cavalerie s'ébranle et le suit; le passage s'opère, mais avec de grandes pertes. Les arbalétriers qui, eux aussi ont trouvé moyen de passer, viennent en ordre très-serré, couvrir la cavalerie dans la plaine.

CHAPITRE IX.

CHAPITRE IX.

BATAILLE DES ÉPERONS D'OR. (SUITE).

Les archers flamands se replièrent alors sur leur corps de bataille, derrière le ruisseau de *Groeninghe*. Les arbalétriers les suivent en leur décochant une telle quantité de carreaux que le ciel s'en obscurcit. Les Flamands hâtent le pas ; les assaillants excités par le succès jettent leurs arbalètes, se couvrent de leurs boucliers, les poursuivent avec impétuosité l'épée à la main ; déjà plusieurs se sont élancés au-delà du ruisseau de *Groeninghe*. Les barons trépignaient de voir que le combat allait se décider sans eux :

— Seigneur, dit le sire de Valepayelle au comte d'Artois, ces vilains feront tant qu'ils remporteront l'honneur de la journée. Pour ne pas nous battre, il vaudrait tout autant nous en aller.

— Vous avez raison, beau sire, s'écrie le comte ; allons! Montjoie et Saint-Denis! En avant!

Les deux premiers corps s'élancent à l'instant; le troisième commandé par le comte de Saint-Pol devait former la réserve. Les chevaliers sans se détourner, s'ouvrent un passage au travers de la masse de leurs gens de pied qu'ils mettent dans le plus effroyable désordre, écrasent les hommes par centaines et arrivent devant le ruisseau de *Groeninghe* et les Flamands. Alors commence une scène horrible. C'est à qui traversera le fossé : les premiers qui avancent trébuchent pêle-mêle avec leurs montures, d'autres suivent et ont le même sort. Le fossé se comble d'hommes et de chevaux criant et se débattant. Ce spectacle n'arrête pas le gros de l'armée : c'est un pont tout formé; l'on passe dessus et l'on charge les Flamands. Ceux-ci reçoivent le choc immobiles, les rangs serrés et le fer des lances en avant. Leur ligne est percée en quelques endroits, mais une multitude d'ennemis ont succombé.

En cet instant, on aperçoit voltigeant au-dessus des Français une mouette de mer au plumage noir.

— « Amis, la victoire est à nous, s'écrie Guy de Namur en montrant la mouette, je ne voudrais pas pour mille livres de gros que cet oiseau de malheur eût plané sur nos têtes. »

La mêlée devient bientôt générale. A l'impétuosité désordonnée de la chevalerie française, les Flamands opposent un sang-froid mortel. Les armures, les lances, les épées se brisent sous leurs coups. La terre se jonche de morts et de blessés; l'air obscurci par le brouillard et la poussière, retentit du bruit des armes et d'affreux gémissements.

Les princes et les barons flamands, à pied, en tête de leurs gens, donnaient à tous l'exemple du courage et de l'intrépidité. Peu à peu cependant Guy de Namur, accablé par le nombre se vit refoulé, avec son corps de bataille et une partie de son aile gauche vers l'abbaye de Groeninghe. La garnison du château avait tenté une sortie; et ce mouvement, quoique arrêté aussitôt par la fermeté des Yprois, n'était pas resté inconnu des combattants, et avait jeté un peu de trouble parmi les Flamands. Quelques-uns cherchaient à se refugier dans la ville ; d'autres traversaient à la nage les eaux de la Lys. En ce moment critique, Guy tourna ses regards vers le monastère de Groeninghe. Là se conservait une image miraculeuse de Notre-Dame, là étaient déposées les reliques de Saint-Thomas de Cantorbéry. Ces autels qu'avaient élevés Béatrice de Dampierre ne devaient-ils pas être propices aux prières de ses neveux ?

— « Sainte Reine du ciel, s'écrie à haute voix le héros flamand, secours-nous en ce péril ! »

A ce cri, les Flamands s'arrêtent et le combat recommence. Le brave Soyez Loncke qui porte la bannière du comte abattue plusieurs fois, la relève de nouveau et agite le lion de Flandre au-dessus de la tête de son noble seigneur. Guillaume de Juliers, Jean de Renesse, Jean Borluut qui transmit à ses descendants sa glorieuse devise : *Groeninghe-velt*, — Baudouin de Papenrode, dont le bras était armé d'une énorme massue, repoussent les Français jusqu'au ruisseau de *Groeninghe*. Ce fut là que périt le connétable Raoul de Nesle. Jean Borluut lui cria de se rendre; mais le loyal guerrier se rappela à cette heure suprême la parole du comte d'Artois et préféra mourir.

Guillaume de Juliers combattait avec tant d'ardeur que le sang lui jaillissait des narines. Un de ses écuyers s'en aperçoit, délace sa cotte d'armes pour lui faire reprendre haleine, et se précipite au milieu des Français en criant : Voici encore Guillaume de Juliers ! Le porte-bannière de ce prince, terrassé cinq fois, se releva cinq fois, tenant et agitant son étendard, qu'il ne lâcha point. Jamais on ne vit pareil carnage : les cadavres s'amoncelaient sous les coups des *Goedendags* flamands. Le gouverneur de la Flandre, Jacques de Châtillon fut du nombre des morts. Avec lui succomba le chancelier de Philippe-le-Bel, le constant ennemi des Flamands, ce Pierre Flotte flétri par Boniface VIII du nom de Bélial, et qui, aussi lâche que perfide, s'était jeté à genoux pour implorer la pitié des combattants.

Il était neuf heures du matin. Le massacre ne discontinuait pas : les rangs de la chevalerie française rompus et dispersés, s'éclaircissaient de plus en plus ; les arbalétriers, les archers fuyaient dans toutes les directions.

Le comte d'Artois, transporté de rage et de désespoir ne put rester simple spectateur de ce désastre. Jusque-là il s'était tenu de l'autre côté du ruisseau, entouré d'un groupe de chevaliers d'élite. « Qui m'aime me suive, » s'écrie-t-il, et donnant de l'éperon à son cheval, il s'élance suivi de tout son monde à l'autre bord du fossé. Les bonds impétueux de son coursier le portent à travers les morts et les mourants jusqu'à l'étendard de Flandre. Le comte le saisit et le secoue violemment; il en arrache un lambeau, mais la secousse lui a fait perdre un étrier : il reste en selle néanmoins et continue à combattre ; son cheval est blessé, lui-même est inondé de sueur et de sang.

CHAPITRE X.

CHAPITRE X.

BATAILLE DES ÉPERONS D'OR. (SUITE ET FIN).

Il y avait un Flamand qui s'était distingué depuis le commencement de cette mémorable journée par le plus indomptable courage, la plus infatigable énergie : c'était un frère-lai de l'abbaye de Ter-Doest, aux environs de Bruges. Il s'appelait Guillaume Van Saeftigen. Lorsque Jean de Renesse, seigneur de son village, partit pour combattre les Français, Guillaume travaillait dans la campagne à la récolte du foin. On vint lui dire que l'ennemi s'avançait vers Courtrai, et qu'il n'y avait plus de temps à perdre. Aussitôt il dételle les deux juments de son chariot, en vend une pour quelque argent, une épée et un *Goedendag*, monte sur l'autre, et court vers le champ de bataille en compagnie d'un carme de ses amis que son patriotisme avait également entraîné. Guillaume n'eût pas plutôt aperçu l'écusson du comte d'Artois, que d'un bras vigoureux il écarte la foule des combattants, arrive devant le prince, et lui allonge sa massue dans la poitrine; un second coup sur la tête du cheval fait tomber l'animal qui roule dans la poussière avec son maître. Robert d'Artois les bras étendus et d'une voix défaillante, demande s'il ne se trouve pas là un chevalier auquel il puisse rendre son épée;

il reçoit pour réponse qu'on n'entend pas le français, et que d'ailleurs on ne fait pas de prisonniers. On l'entoure, on le frappe et il expire. Un boucher de Bruges, qui déjà venait de lui trancher le bras d'un seul coup de hache, saisit la langue du mort, l'arrache toute sanglante, et étale aux yeux des Français épouvantés ce terrible trophée.

La mort du comte d'Artois et la prise de son étendard par le chevalier Hugues Buttermann, d'Arckel, enlevèrent tout courage à l'ennemi. Ce fut alors une véritable boucherie. La réserve n'avait pas encore donné. Guy de Saint-Pol qui la commandait, s'enfuit entraînant beaucoup de nobles sur ses pas. Les comtes de Boulogne, de Dammartin et de Clermont, à la tête de ce qui restait. de chevaliers français et hennuyers, s'avancèrent vers les longues prairies qui bordaient l'aile gauche des

Flamands, au sud du ruisseau de *Groeninghe*, pour tenter un dernier effort, et sauver les débris fuyants de l'armée. Mais ce mouvement avait été prévu : la valeureuse phalange fut enveloppée et écrasée par le nombre. Dans la mêlée, les foulons de Bruges ayant trouvé le sire de Bourbourg, un des principaux *Leliaerts*, lui ouvrirent le corps, depuis le ventre jusqu'à la tête.

Les nobles brabançons qui avaient échappé au carnage, couraient à pied, mêlés aux Flamands et criant comme eux : *Vlaenderen den Leeuw!* Ils furent reconnus à leurs armoiries, et massacrés sur l'heure même, par l'ordre de Guy, dans un champ qui porte encore aujourd'hui le nom de prairies amères *(Bittermeersch)* ou de prairies sanglantes *(Bloedmeersch)*.

Pendant toute la journée, on poursuivit les fuyards à travers les champs et sur toutes les routes environnantes, jusqu'aux portes de Lille et de Tournai. « Du haut des tours de notre monastère, raconte l'abbé de Saint-Martin de Tournai, Gilles li Muisis, nous pouvions voir les Français fuir sur les routes, à travers les campagnes et les haies, en si grand nombre, qu'il faut avoir assisté à ce spectacle pour le croire. Il y avait dans les faubourgs de notre ville et dans les villages voisins une si grande multitude de chevaliers et d'hommes d'armes tourmentés par la faim, que c'était chose horrible à voir. Ils donnaient leurs armures pour avoir du pain; mais la plupart étaient si tremblants que la terreur les empêchait de le porter à leurs lèvres. »

La nuit, les morts furent dépouillés à la lueur des torches. La garnison de la citadelle de Courtrai se rendit et eut la vie sauve, car on était rassasié de carnage.

Ainsi fut détruite cette magnifique armée

sur laquelle le roi de France avait fondé de si grandes espérances! Sept mille chevaliers parmi lesquels on comptait soixante-trois princes, ducs et comtes, près de sept cents seigneurs bannerets et onze cents nobles, enfin vingt mille hommes de pied au moins se trouvaient couchés dans la plaine de Courtrai; et, comme le dit l'historien Meyer, ce qui naguère faisait l'orgueil et la gloire de la France n'était plus que du fumier, ne formait plus que la vile pâture des vers. Sept cents éperons d'or, ramassés sur le champ de bataille, dépouille d'autant de chevaliers, furent appendus comme monuments de la victoire aux voûtes de l'église Notre-Dame de Courtrai.

La bataille des Eperons d'Or fut pour les Flamands une éclatante revanche de celle de Bouvines. L'espérance et le courage remplacèrent partout en Flandre l'abattement et le deuil. A Courtrai, cet heureux évènement fut célébré par des réjouissances, dont le souvenir s'est perpétué jusqu'à notre temps dans une fête appelée *Vergaderdagen* (le jour du rassemblement). — Vers le milieu du mois de juillet, les gens du peuple vont par la ville demander de porte en porte les vieux habits, qu'ils revendent ensuite, comme leurs aïeux firent autrefois des riches dépouilles des seigneurs français; puis, un joueur de violon à leur tête, ils se rendent processionnellement sur le *Pottelberg*, où ils passent joyeusement la journée.

Une chapelle, dédiée à Notre-Dame de Groeninghe, s'élève à peu de distance de la ville, sur le lieu même où s'est livrée la bataille; à la voûte est suspendu un éperon doré de chevalier; sur l'autel est placée une image miraculeuse de la Vierge, et on lit, inscrits en lettres d'or sur le marbre, les noms des principaux chefs français tués dans cette sanglante journée.

Un chevalier français avait tracé à la hâte quelques mots sur un lambeau de parchemin rougi de son sang : sinistre message qui annonça au roi de France la bataille du 11 juillet 1302 !

CHAPITRE XI.

CHAPITRE XI.

LES SUITES DE LA BATAILLE DES ÉPERONS D'OR.
RÉCOMPENSES ACCORDÉES AUX VAINQUEURS.

GUILLAUME de Juliers et Guy de Namur, épuisés de fatigue, s'endormirent sous leur armure, sur le théâtre même de leur triomphe. Le lendemain, à leur réveil, un moine d'Audenarde vint les supplier de permettre qu'il donnât la sépulture au comte d'Artois. Guillaume de Juliers le repousse d'abord avec dédain : « Je le traiterai, dit-il, comme il a traité mon frère. » Il s'adoucit cependant et autorise le moine à faire ensevelir honorablement dans l'église de Groeninghe, le comte d'Artois, le comte d'Eu, le comte d'Aumale, le roi de Mélide et d'autres chevaliers français.

Tout ce qui avait appartenu au parti des *Leliaerts* était massacré sans pitié. Le sire de Mosschère fuyait devant les Brugeois ; ceux-ci l'atteignent, et quoiqu'il se jette à genoux en jurant fidélité à Guy de Namur, ils le frappent au pied du château où il était né. Jean Breydel et Pierre de Koninck ont vengé Guillaume Van Artevelde — dont les biens avaient été donnés au traître *Leliaert* par Philippe-le-Bel,— afin qu'un neveu de Guillaume Van Artevelde se souvienne un jour aussi de venger à son tour les fils des vainqueurs de Courtrai.

Du château de Mosschère au camp des Français il n'y avait pas loin : les Flamands s'élancèrent sur le *Mossenberg*. Les habitants des contrées voisines de Furnes et de Ghistelles aux mœurs rudes et grossières, y contemplèrent avec admiration ces somptueux pavillons de velours et de soie, dont l'or et les joyaux rehaussaient l'éclat. Ils recueillirent ensuite les plus illustres bannières de France, celles des barons morts ou fugitifs, et vinrent les planter devant les remparts du château de Courtrai.

Cette merveilleuse victoire étonna le monde ! A Rome, Boniface VIII fit réveiller au milieu de la nuit par ses serviteurs, le chanoine de Soignies, voulant l'instruire lui-même du triomphe éclatant de l'armée flamande.

Un cri de liberté retentit dans toute l'Europe ! En France, Toulouse et Bordeaux s'insurgèrent et chassèrent les officiers de Philippe-le-Bel.

En Italie, Florence s'émut; les communes de Mantoue, de Parme, de Bologne, de Vérone, conclurent une fédération intime. Du sein des Alpes helvétiques, les échos de Morgarten répondaient à ceux du champ de bataille des Eperons d'or!

Dans le Hainaut, à Liège, en Brabant, en Zélande, le même enthousiasme se manifestait de toutes parts.

Une extrême agitation régnait à Gand. On y avait appris qu'une terrible et décisive bataille se livrait aux environs de Courtrai, et les deux partis en attendaient le dénoûment avec anxiété. Dès qu'il fut connu, les *Leliaerts* se cachèrent et la bannière de Flandre fut publiquement arborée. Le 15 juillet, Guillaume de Juliers et Guy de Namur arrivèrent suivis de toute l'armée victorieuse, que précédaient les sept cents Gantois commandés par Jean Borluut.

Jean de Namur qui accourait pour prendre part à la lutte contre les Français les rejoignit à Gand presque aussitôt. Ils y passèrent sept jours.

Les magistrats et les capitaines des corporations de Bruges, accompagnés d'un grand nombre de bourgeois, s'étaient rendus au-devant d'eux pour les recevoir. Les comptes de la ville de Bruges renferment des détails intéressants sur les honneurs que l'on rendit aux défenseurs de la Flandre. Ils indiquent même quels furent, parmi les bourgeois empressés à leur donner l'hospitalité, ceux qui accueillirent dans leurs foyers les chevaliers flamands, allemands ou zélandais. On y voit qu'un banquet solennel leur fut donné à l'hôtel de Paul de Langemarck, et que de nombreuses récompenses couronnèrent leurs services. On offrit des vins de la Rochelle à Pierre de Koninck et à Jean Breydel ; le premier obtint de plus le tonlieu du port de Damme. Les sommes payées aux chevaliers s'élevèrent à quarante mille huit cent quatre-vingt-neuf livres.

Sohier de Tronchienne s'était rendu sur le rivage de la mer pour s'opposer au débarquement que pourraient tenter les Français. Une flotte flamande qui se trouvait au port de l'Ecluse, vit bientôt la mer se couvrir d'une immense quantité de navires. Ils apportaient les approvisionnements de l'armée du comte d'Artois dont ils ignoraient l'effroyable défaite. Après un combat court et sanglant, tout ce butin tomba au pouvoir des Flamands. Une autre tentative d'une flotte hollandaise fut également repoussée.

Si l'enthousiasme des Flamands était à son comble, en France la douleur et la consternation furent générales. Lorsque Philippe-le-Bel apprit que toute la chevalerie française avait péri avec le comte d'Artois, le connétable et le chancelier, dans un ruisseau inconnu, sous les coups de quelques hommes dont, la veille encore, il méprisait les efforts, sa fureur fut extrême : il manda le vieux comte de Flandre devant lui et l'accabla de reproches; puis il ordonna que Robert de Béthune, qu'il considérait comme le premier auteur de l'opposition des Flamands, fût conduit dans l'un des plus sombres cachots du château de Chinon, où il resta pendant six semaines. Le roi de France n'avait plus d'armée et son trésor était vide. Pour réparer ces désastres il eut recours à ses ressources ordinaires. Il étendit la falsification des monnaies d'argent, qui déjà lui avait valu les malédictions de toute la chrétienté, aux monnaies d'or et de cuivre. Les populations furent grevées de la maltôte et des impôts les plus accablants. Au mois d'août 1303, les biens du clergé se virent frappés de la décime et de la demi-décime. En octobre 1303, tous les habitants du royaume indistinctement, nobles, clercs, vilains, furent contraints de contribuer à l'équipement d'un nombre déterminé de gens d'armes, chacun proportionnellement à ses revenus. — Il trouva ainsi le moyen de rassembler et d'entretenir une armée de quatre-vingt mille hommes dont vingt mille cavaliers. Il avait convoqué le ban et l'arrière-ban du royaume. Mais sa brillante chevalerie avait disparu presque tout entière ! — L'armée du comte d'Artois comprenait tous les noms illustres de la noblesse française : celle qui devait la venger ne se composait plus que des milices des communes !

CHAPITRE XII.

CHAPITRE XII.

ÉPILOGUE.

Les Flamands recueillaient les fruits de leur victoire. Jean de Namur, à la tête des milices de Gand, d'Ypres, du pays de Waes et d'Alost, alla assiéger Lille. L'attaque fut si vive que la garnison s'engagea à se rendre, si elle n'était pas secourue dans le délai d'un mois. On n'attendit pas même l'expiration du délai et, le

6 août, Jean de Namur prit possession de la ville, à la grande joie des habitants. On marcha de là sur Douai qui accepta les mêmes conditions et bientôt toute la Flandre se trouva libre, à l'exception de la seule forteresse de Termonde, défendue par le sire de Vierzon, fils de Godefroid de Brabant.

Philippe-le-Bel avait résolu de commencer ses opérations par le siège de Douai. Il vint placer son camp, près de Vitry, en Artois, à deux lieues de cette ville.

Les chefs de l'armée flamande, ayant à leur tête le fils du comte Guy, dont il est question plus haut, et auquel les Flamands avaient remis le timon des affaires sous le titre de *Ruwaert*, la conduisirent au-devant de l'armée royale; ils allèrent camper non loin des tentes du roi. Des deux côtés on évitait d'en venir aux mains. Enfin des négociations s'entamèrent. Le roi cherchait à gagner du temps, espérant que les forces des ennemis se désorganiseraient peu à peu. Entretemps les conférences pour la paix continuaient. Dans la dernière, le comte d'Evreux demanda, au nom du roi, qu'on lui livrât les chefs de la conspiration de Bruges. « Répondez à votre maître, s'écria Jean de Renesse, que nous sommes venus ici pour le combattre, non pour lui livrer nos concitoyens. »

En apprenant cette réponse, Philippe demeura pensif. Il ordonna de lever le camp au milieu de la nuit, et prit la route de Paris avec tant de précipitation que son départ ressemblait à une fuite. Les Flamands se jetèrent sur les derrières de son armée, tuèrent un grand nombre de traînards et firent un immense butin, surtout en victuailles et en tonneaux de vin que l'ennemi ne s'était pas donné la peine d'emporter.

Les Flamands, aussi joyeux que surpris de cette retraite, incendièrent plusieurs bourgs de l'Artois; puis, ayant fait quelques démonstrations devant les murs de Tournai, les gens des communes se dispersèrent et rentrèrent dans leurs foyers.

En juin 1303, Philippe, dernier fils du premier mariage du comte Guy avec Mathilde de Béthune, arriva en Flandre avec sa femme Mathilde de Courtenay, qu'il avait épousée en Italie. C'était un chevalier remarquable par sa belle prestance et plus encore par la valeur et les talents militaires dont il avait fait preuve en Sicile et en Toscane sous le roi Charles, qui l'avait généreusement récompensé. Il avait abandonné la magnifique position dont il jouissait en Italie, après avoir vendu les comtés de Thieti, de Lanciano et de Guardia dans les Abruzzes, qui formaient la dot de sa femme, pour venir au secours de son pays et de sa famille. Aussi les Flamands l'accueillirent-ils avec les marques d'une vive sympathie, et ses frères, d'un commun accord, lui déférèrent la suprême autorité, due d'ailleurs à sa qualité d'aîné et à ses glorieux antécédents. Au commencement de juillet, toutes les milices de la Flandre furent convoquées à Cassel, et s'y rendirent au nombre de cinquante mille environ. La haute réputation de Philippe de Thiette, comme on l'appelait, donnait une impulsion nouvelle au patriotisme de ses compatriotes, qui se vantaient, si on les laissait faire, d'aller jusqu'à Compiègne délivrer leur vieux seigneur.

A la nouvelle de ces apprêts, le connétable Gauthier de Châtillon concentra sur Saint-Omer les garnisons françaises des villes frontières et de l'Artois. Les troupes flamandes se mirent en marche de ce côté. Les deux armées furent bientôt en présence; cependant cette campagne resta sans résultat. Le connétable, qui avait payé de sa personne à la journée de Courtrai, ne désirait pas d'en venir aux mains. Il prit donc le parti de se retirer. Feignant de vouloir engager sur le champ la bataille, il fit sortir de la ville le nombreux attirail de guerre qu'il y avait rassemblé et le dirigea incontinent sur Arras avec son infanterie. Lui-même, faisant volte-face, suivit bientôt avec ses cavaliers, à la grande stupéfaction des Flamands, qui ne songèrent même pas à le poursuivre. Revenus de leur étonnement, les Flamands, pour se venger, parcoururent l'Artois pendant cinq jours en ravageant tout sur leur passage. Les donjons, les maisons de plaisance des nobles et environ quatre-vingts villages sont détruits par le fer et la flamme; les arbres fruitiers sont coupés, les moissons arrachées et brûlées : terribles représailles des dévastations commises par les Français dans la Flandre maritime.

Ce mouvement de fureur passé, les Flamands se portèrent devant Tournai dont la garnison ne cessait d'inquiéter les Lillois. Le siège dura six semaines et finit par une trève qui devait durer jusqu'au premier mai de l'année suivante. Il fut convenu que Guy de Dampierre sortirait de captivité pour tout le temps de l'armistice, et reviendrait en Flandre travailler à conclure une paix définitive. Ses fils restaient garants de son engagement de venir reprendre ses fers, si ses efforts n'étaient pas couronnés de succès. Le vieux comte put donc revoir sa patrie, où tant d'évènements étaient survenus pendant les trois années qu'il avait passées en captivité. Ses fils Robert et Guillaume étaient demeurés en prison pour lui.

Son retour excita partout les transports de la joie la plus vive. On ne pouvait contempler sans attendrissement ce prince éprouvé par tant d'infortunes et que la mort ne semblait avoir épargné que pour le faire souffrir plus longtemps ! Entouré de ses fils et de ses petits-enfants, il traversait les villes de Flandre au milieu des témoignages de la plus touchante vénération. On oubliait ses fautes pour ne plus songer qu'à ses malheurs, et les larmes de joie et les acclamations universelles du peuple durent lui prouver que le sentiment national des Flamands, un instant affaibli, avait reconquis son empire dans tous les cœurs. (Meyer, *ad annum* 1304.)

Cependant les infirmités de l'âge ne permettaient plus au comte Guy de s'occuper des soins du gouvernement ; il alla choisir une résidence agréable et paisible au château de Winendale dont les verdoyantes forêts ne devaient point abriter sa tombe. Ce fut là qu'il dicta sa dernière devise, nom qu'il donne à l'acte contenant sa volonté suprême. Dans cet acte qui témoigne des excellentes qualités du cœur de ce prince, il n'oublia aucun de ses serviteurs. Tous, jusqu'aux plus petits furent récompensés dignement.

Philippe-le-Bel avait mis à profit l'intervalle de la trève, pour amasser de l'argent au moyen de ses exactions ordinaires. Il avait fait des levées de troupes en Allemagne, en Italie, en Espagne, pour recommencer contre la Flandre une guerre d'extermination. C'était en vain que l'on avait compté sur la paix. L'astucieux monarque ne la voulait pas : il n'avait proposé la trève que pour faire lever le siège de Tournai et gagner du temps. Le malheureux Guy de Dampierre fut donc forcé de renoncer à l'espoir qu'il avait un moment conçu de mourir sur la terre natale, au milieu de sa famille et de son peuple. Quelques jours avant l'expiration de la trêve, il embrassa ses enfants et reprit tristement la route de Paris, le cœur navré d'une mortelle douleur. Ce fut un spectacle triste et noble à la fois et rempli d'enseignements que celui de ce vieillard de quatre-vingts ans, reprenant pour la troisième fois le chemin de l'exil, esclave de sa loyale parole. Le vieux comte de Flandre fut le Régulus du moyen-âge. Il avait promis de reprendre les fers, si la paix ne se concluait pas, et il fut fidèle à son serment. « Je suis si vieux, disait-il, que je suis prêt à mourir lorsqu'il plaira à Dieu. » Il n'attendit pas longtemps.

La politique astucieuse, mais incontestablement habile de Philippe-le-Bel était parvenue à atténuer les résultats de sa défaite et à rendre en quelque sorte stérile pour les Flamands leur glorieuse victoire de Courtrai. Le roi de France n'avait rien rabattu de ses prétentions et la Flandre était toujours en armes pour défendre sa nationalité en péril. Heureusement pour elle, l'esprit qui l'animait la veille de la journée des Eperons la soutenait toujours. Le danger de la patrie commune confondait tous les partis dans une même pensée, et cette union lui donnait la force de soutenir la lutte contre le plus puissant roi qui fût alors en Europe.

Dans les premiers jours de juillet 1304, Philippe-le-Bel descendit, pour la cinquième fois, en Flandre, à la tête d'une immense armée recrutée en France, en Italie, en Allemagne et en Espagne. Il arriva en personne à Arras avec le gros de son armée. Il se dirigea par Douai et Tournai suivi de près par Philippe de Thiette qui, à la tête des milices flamandes, épiait tous ses mouvements, manœuvrant fort habilement sur ses côtés et se plaçant toujours de manière à mettre une rivière ou un marais entre les Français et lui. Aux environs de Tournai, les deux armées s'arrêtèrent et campèrent en face l'une de l'autre. Elles semblaient toujours sur le point d'engager une action décisive que le roi de France évitait toujours.

Sur ces entrefaites, les Flamands apprirent que Guy de Namur avait été battu par l'amiral Grimaldi; il avait été pris avec trois mille soldats et marins. Ces nouvelles les affligèrent; mais elles ne changèrent en rien leur résolution ni la fermeté de leur contenance.

L'armée française fit un mouvement. Le lundi 16 août, elle était à Mons-en-Pévèle; une bataille terrible s'engagea; elle ne fut gagnée par personne; le roi de France courut personnellement le plus grand danger. Enveloppé par une troupe de Flamands, il fut renversé de cheval. Ses valets heureusement lui avaient enlevé son hoqueton semé de fleurs de lis; on ne le reconnut point. Ses écuyers, les deux frères Gentien de Paris, le relèvent et le placent sur un autre cheval. Le roi, tout étourdi encore de sa chute, ne sait point le diriger, et son nouveau coursier, presque aussitôt blessé au poitrail d'un coup de *Goedendag*, refuse d'obéir au frein, et emporte son cavalier, d'une course rapide, à la suite d'une troupe qui fuit à toute bride.

Plus intrépide, le vieux sire de Chevreuse tenait dans ses bras l'oriflamme et conviait les chevaliers épars à se rallier autour de la bannière royale. Là périrent le comte d'Auxerre, Jean, frère du duc de Bourgogne, Hugues de Boville, secrétaire du roi. Chevreuse, percé de coups, tomba lui-même, sans quitter la hampe de l'oriflamme déchirée par les communiers de la Flandre.

Les Flamands perdirent un de leurs plus braves chefs. Au bruit de la fuite de Philippe-le-Bel, Guillaume de Juliers s'était jeté sur le camp français, suivi de quatre-vingts des siens. Il était entré dans la tente royale, et s'était désaltéré en buvant dans la coupe de roi. Il paya cette témérité de sa vie. Entouré presque aussitôt d'ennemis, il succomba sous les coups du comte de Dammartin en pressant sur ses lèvres la croix de son épée teinte de sang. Sa tête placée au bout d'une lance, fut présentée au roi qui détourna les yeux.

Les pertes étaient à peu près égales des deux côtés. Une partie de l'armée flamande se renferma dans Lille avec le comte de Thiette; l'autre retourna dans ses foyers. Le roi de France qui s'était retiré à Arras pour se guérir de ses contusions et de son effroi, vint au bout de quinze jours rejoindre ses troupes qui assiégeaient Lille.

A la nouvelle du danger qui menaçait cette cité, toute la Flandre courut aux armes. Les travaux des champs et des ateliers étaient partout suspendus. Les femmes gardaient les villes et l'on traversait les campagnes sans rencontrer un seul homme. Ils étaient tous au camp de Courtrai, au nombre, dit-on, de douze cent mille (Louis de Velthem), — préférant mourir en combattant que vivre dans la servitude. Les princes flamands firent aussitôt défier le roi de France et se dirigèrent vers Warneton pour attaquer son camp qui était placé sur la route de Lille à Ypres. A peine avaient-ils passé la Lys, qu'ils apprirent que Philippe-le-Bel avait quitté ses positions avec toute son armée, pour se retirer vers Wasquehal entre Lille et Tournai. Ils le suivirent aussitôt, et s'établirent au Pont-de-Marque, à la jonction de la Marque et de la Deule, à trois cents pas du camp français, que Philippe-le-Bel avait fait ceindre d'un large fossé et de remparts garnis de palissades.

Lorsque le roi de France aperçut si près de lui cette multitude de tentes couvertes de drap rouge, blanc ou noir, ces huttes innombrables formées de chaume et de branchages, cette ligne immense de chariots et de fourgons qui, suivant la coutume, se déployait en forme de rempart sur toute la lisière du camp, on dit qu'il se retourna stupéfait vers son escorte, et qu'il s'écria : « En vérité, je crois qu'il pleut des Flamands ! »

Bientôt ses espions vinrent rapporter au roi que les Flamands étaient résolus de combattre la nuit suivante, pendant l'obscurité, afin d'être moins facilement enveloppés par la cavalerie ; qu'ils avaient juré entre eux de vaincre ou de mourir, et que leur dessein n'était plus de temporiser comme à Mons-en-Pévèle, mais de fondre impétueusement sur les Français après s'être recommandés à Dieu.

Le roi réunit son conseil et exprima l'avis qu'il fallait éviter la bataille à tout prix contre des gens exaspérés comme l'étaient les Flamands. Cet avis prévalut; et, sans retard, des députés furent chargés de traiter avec l'ennemi. Celui-ci ne demandait qu'une paix honorable, et les propositions en furent aussitôt mises par écrit. Ce traité contenait un piège. Les Flamands oublièrent de prendre des sûretés, comme le roi en avait pris, ou de conclure immédiatement un traité définitif. Les communes de Flandre étaient impatientes de relever leur commerce presque ruiné par les guerres qui les enveloppaient sur toutes leurs frontières. Entretemps, Guy de Dampierre était mort, Robert de Béthune qui devait lui succéder, ses frères, sa sœur Philippine et les principaux seigneurs flamands étaient toujours au pouvoir de Philippe-le-Bel. Celui-ci devint d'une exigence extrême, il ne voulut relâcher le nouveau comte qu'après lui avoir fait signer le traité d'Athis-sur-Orge, qui contenait des stipulations tellement iniques, que Robert de Béthune à son retour en Flandre fut très mal accueilli. Les commissaires n'osèrent en faire connaître les conditions au peuple, ni les mettre à exécution, car ils eussent été infailliblement massacrés. Sous l'impulsion de la réprobation générale que soulevait cette paix honteuse, les communes se cotisèrent spontanément pour une nouvelle guerre. Philippe-le-Bel voyant que le traité ne s'exécutait point, changea encore une fois ses conditions. Il exigeait que les villes de Lille, Douai et Orchies lui fussent cédées en possession définitive. Le comte Robert, effrayé de son impopularité refusait aussi de souscrire à ces nouvelles exigences. Les négociations recommencèrent. Le roi maintenait toutes ses prétentions, les communes au contraire, ne voulaient entendre parler d'aucun autre traité que de celui qu'elles avaient signé sous les remparts de Lille. Les Brugeois principalement, toujours soumis à l'influence de Jean Breydel et de Pierre de Koninck, se montraient les plus intraitables, parce qu'étant les plus compromis, ils avaient le plus à craindre de la rancune du roi de France. Robert de Béthune placé entre la colère du roi et le mécontentement de ses sujets, se trouvait fort empêché.

« — Me voici, disait-il, entre l'enclume et le marteau. » Enfin, après bien des alternatives de paix et de guerre, Philippe-le-Bel consentit à faire la paix aux conditions suivantes :

— Toutes les offenses faites au roi, tant avant que depuis la paix sont pardonnées.—

Les fortifications des villes de Gand, d'Ypres, de Douai et de Lille resteront dans l'état où elles étaient, jusqu'à ce qu'il plaise au roi et à ses successeurs de les faire abattre. — Le comte recouvrera son comté tout entier, les prisonniers seront rendus sans rançon et la Flandre payera au roi une somme de huit cent mille livres...... Le comte de Flandre devra, comme par le passé, hommage au roi de France.

Les Flamands accueillirent ce nouveau traité et la tranquillité fut momentanément rétablie.

. . . .

Nous tous, Belges, qui aimons notre patrie, méditons bien les faits glorieux que renferme l'histoire des deux héros brugeois. Ils ont maintenu intacts l'honneur et la gloire de la Flandre! — A nous, en suivant leur exemple, de maintenir intacts l'honneur et la gloire de la Belgique entière!

BIBLIOTHÈQUE NATIONALE B.F. IMPRIMÉS

TABLE DES MATIÈRES

TABLE DES MATIÈRES.

BIBLIOTHÈQUE NATIONALE R.F. IMPRIMÉS

BIBLIOTHEQUE NATIONALE DE FRANCE
3 7531 04446050 0

www.ingramcontent.com/pod-product-compliance
Ingram Content Group UK Ltd.
Pitfield, Milton Keynes, MK11 3LW, UK
UKHW021120220726
13924UKWH00004B/1819